한국교회 제자양육교재 대명사. 전 세계 베스트셀러
쉽고 빠르게 배우는 하나님을 경험하는 삶 [8주 과정]

하나님을 경험하는 삶• 7가지 실체
SEVEN REALITIES FOR EXPERIENCING GOD

하나님의 뜻을 알고 행하는 방법

헨리 & 리처드 블랙가비 지음
김광석 옮김

한국교회 제자양육교재 대명사. 전 세계 베스트셀러
쉽고 빠르게 배우는 하나님을 경험하는 삶 [8주 과정]

하나님을 경험하는 삶 • 7가지 실체

SEVEN REALITIES FOR EXPERIENCING GOD

하나님의 뜻을 알고 행하는 방법

헨리 & 리처드 블랙가비 지음
김광석 옮김

요단
JORDAN PRESS

차례

SEVEN REALITIES FOR EXPERIENCING GOD

교재에 대하여

모든 그리스도인의 마음에는 하나님을 알고 그분의 뜻을 행하고자 하는 내적 갈망이 있다.

하나님은 당신의 인생에 무슨 일이 일어날지 미리 아십니다. 오직 그분만이 당신이 간직하고 있는 잠재력의 가치를 아십니다. 그분은 당신을 향해 뜻하신 그 어떤 것 하나라도 당신이 놓치지 않길 원하십니다.

당신은 이 사실을 믿습니까? 하나님은 당신이 그분의 뜻을 알길 원하십니다. 그분은 그것을 당신에게서 숨기려 하지 않으십니다. 그러나 너무나 많은 경우에 그리스도인들은 하나님의 뜻을 발견하고 행하는 방법에 대해 의아하게 생각하며 심지어 염려하기까지 합니다.

당신은 하나님에 대해 엄청난 정보를 제공해주는 성경공부와 책들에 빠져 있을지 모릅니다. 당신의 성경 여백에는 설교를 듣고 적은 메모가 빼곡할지 모릅니다. 그런데 당신은 정말 하나님과 친밀한 교제를 나누고 만족해하며 살고 있는지요?

많은 사람들에게 그분은 그냥 믿어 드리기에는 너무 멀리 떨어져 있거나 교리적으로 어떻게 확증할 수 없는, 기도할 때 읊조리는, 보이지 않는 하나님일 뿐입니다. 우리는 친밀함과 성장을 동반한 사랑의 관계로 초청하시는 하나님의 인격을 기억해야 합니다.

하나님은 현재 당신이 경험하고 있는 것보다 훨씬 더 풍성한 삶을 예비하고 계시다는 것을 알면서도 당신은 그리스도인으로서 좌절감을 느낄 수 있습니다. 그러면서 더욱 하나님을 섬기길 구하고 그분의 인도하심을 간절히 바라고 있을지도 모릅니다.

어쩌면 최근에 당신은 비극을 경험하고 깨어진 인생 한 가운데 당혹해 하며 어찌할 바를 알지 못할지도 모릅니다. 당신의 상황이 어떠하든지 나는 이 책을 통해 당신이 다음과 같이 되기를 간절히 기도합니다.

- 하나님께서 당신을 무한히 사랑하신다는 사실을 매일 믿고 경험합니다.
- 하나님께서 당신에게 말씀하실 때에 그분의 음성을 듣습니다.
- 하나님께서 당신의 삶 가운데 실수 없이 행하시는 일들을 발견합니다.
- 하나님께서 약속하신 모든 것을 행하시는 분이심을 믿습니다.
- 당신의 믿음, 성품 그리고 행동을 하나님과 그분의 방법들에 맞춰 조정합니다.
- 하나님께서 당신의 삶에서 인도하시는 방향을 발견하고 그분께서 당신을 통해 행하길 원하시는 것이 무엇인지 알게 됩니다.
- 하나님께서 당신에게 보여주시는 것에 반응하는 법을 분명히 압니다.
- 오직 하나님만이 하실 수 있는 일을 당신을 통해 행하시는 것을 경험합니다.

교재 사용법

「하나님을 경험하는 삶• 7가지 실체」는 8주 동안 진행되는 성경공부 과정입니다. 대부분의 소그룹은 매주 만나 한 세션씩 공부합니다. 먼저 소그룹으로 모일 때, 참가자들 간에 이 책의 두 부분, 즉 개인 성경공부와 그룹 성경공부를 해온다는 약속이 중요합니다.

첫 번째 그룹 세션은 7가지 실체와 하나님을 경험하는 삶의 주요한 성경적 모델 역할을 할 모세의 삶을 소개합니다. 이처럼 그룹 세션을 소개한 후에 매주 성경공부는 7가지 실체 각각에 초점을 맞춰서 총 8번의 세션을 갖습니다.

각 실체는 개인공부를 위한 내용을 제공합니다. 개인공부는 질문들이 달린 5개의 짧은 글들로 구성되어 있으며 소그룹 모임을 위해 모이기 전에 미리 예습해와야 합니다. 또한 5일째 공부 다음에 나오는 묵상일지는 선택사항이지만 여기에 그 주의 공부와 관련된 생각들, 질문들이나 경험들을 기록할 수 있습니다.

각 실체는 그룹공부를 위한 내용도 제공하며 그 구조는 다음과 같습니다.

시작하기 | 이 부분은 복습, 기도와 더불어 소그룹 세션을 시작하도록 도와주는 제안들을 담고 있습니다.

읽기와 반응하기 | 이 부분은 소리 내어 읽어야 할 성경 구절과 이 구절이 7가지 실체에 대해 드러내는 것이 무엇인지를 토론할 질문들을 담고 있습니다.

복습하기 | 이 부분은 공부한 성경을 개인적으로 적용할 수 있는 질문들을 담고 있으며, 이 질문들은 매일 읽은 개인공부의 질문들에서 인용하였습니다. 이 부분은 개인공부와 그룹공부를 하나로 묶어 줍니다.

하나님을 경험하는 삶의 간증들 | 이 부분은 그룹원들이 공부한 실체와 관련하여 그들이 어떻게 하나님을 경험하게 되었는지를 간증할 수 있는 기회를 제공합니다.

마무리하기 | 이 부분은 그룹 세션을 요약하는 문장과 다음 주에 해야 할 공부에 대한 지시 사항들과 마침 기도를 위한 조언을 담고 있습니다.

※ 이 책은 지도자 지침서가 없으며, 본문의 질문은 특별한 정답을 요구하지 않습니다.
리더는 「하나님을 경험하는 삶·7가지 실체」를 암기하고, 학습을 진행할 때 소그룹원들의 느낌을 충분히 나눌 수 있도록 해주십시오.

※ 교재 내용 및 활용(세미나) 문의 : 교회진흥원 교회사역팀 02-2643-7390

소그룹 인도를 위한 가이드

기도로 준비합니다.

하나님의 말씀을 통해 매주 예수님께 집중하면서 당신과 그룹 토론을 통해 성령께서 역사해 주시도록 간구하십시오.

- 모임에 앞서 미리 매주 공부해야 할 자료와 그룹 질문들을 복습합니다.
- 그룹원 각 사람을 위해 기도합니다.

산만하게 하는 것들을 최대로 줄이십시오.

편안한 환경을 만드십시오. 만일 그룹원들이 불편함을 느끼면 산만해져서 그룹 활동에 지장을 받을 것입니다. 미리 다음의 사항들을 계획하십시오.

- 자리 배치
- 온도
- 조명
- 음식과 음료
- 주변의 소음
- 주변 정리정돈(가정에 모이면 반려동물을 잠시 보이지 않게 해주십시오.)

모임 장소는 그곳이 어디이든지 그룹원들과 손님들에게 환대받는다는 느낌과 소중하게 대한다는 배려와 친절이 있어야 합니다. 만일 사람들이 당신의 이러한 노력을 전혀 알아차리지 못한다 할지라도 최소한 산만해서는 안 됩니다. 사람들에게 가장 중요한 것, 즉 하나님과 성경에 연결되는 것에 초점을 맞출 수 있도록 최선을 다하십시오.

다른 사람들을 참여시키십시오.

당신의 목표는 사람들을 있는 모습 그대로 환영하고 또한 영적 성장을 격려하는 그런 공동체를 키우는 것입니다. 그러므로 항상 다음과 같은 기회들을 인지하십시오.

- 새로운 사람들이 당신의 그룹에 참여할 수 있도록 초청하십시오.
- 소그룹을 방문하는 모든 사람들을 참여시키십시오.

토론을 격려하십시오.

좋은 소그룹은 다음과 같은 특징이 있습니다.

- 모든 사람들이 참여합니다. 모든 사람들이 질문과 답을 하고 소리를 내어 읽도록 격려합니다.
- 어느 누구도 대화를 주도하지 않습니다. 심지어 인도자도 그렇게 하지 않습니다. 그룹으로 함께 있을 때에는 당신에게 부여된 시간보다 짧게 말하도록 하십시오. 누군가가 대화를 주도할 경우에 부드럽게 토론의 방향을 바꿉니다.
- 어느 누구도 질문 부분을 급하게 진행하지 않습니다. 침묵의 시간을 나쁜 것으로 생각하지 않습니다. 사람들은 방금 들은 질문에 대한 답을 생각하거나 하나님께서 그들 마음에 일으키시는 것을 말할 용기를 얻으려면 생각할 시간이 필요할 때가 많습니다.
- 누군가 말을 하면 지지해주고 맞장구를 쳐줍니다. 대답할 때에 참되고 도움이 되는 말을 합니다. 그저 진도만 나가지 않습니다. 후속 질문들을 통해 개인적으로 연결 고리들을 만듭니다. 그리고 다른 사람들이 어떻게 비슷한 경험을 하게 되었는지 혹은 현재 공부하고 있는 성경이나 하나님을 이해하는데 진리가 어떤 역할을 했는지 등을 묻습니다. 다른 사람들이 자기의 대답을 실제로 듣고 싶어 하지 않을지 모른다고 두려워할 때에 사람들은 말하기를 더 어려워합니다.
- 하나님과 그분의 말씀이 중심이 됩니다. 여러 의견과 경험들이 도움이 될 수 있지만 하나님은 우리에게 진리를 주셨습니다. 성경이 권위가 되고 하나님의 성령이 사람들의 삶 가운데 역사하신다는 사실을 믿으십시오. 우리는 사람을 바꿀 수 없지만 하나님은 바꾸실 수 있습니다. 계속해서 사람들을 말씀으로 인도하고 적극적으로 믿음으로 실천할 수 있도록 인도합니다.

계속해서 연락하십시오.

주중에 그룹원들과 연락할 수 있는 방법들을 생각하십시오. 그룹원들이 모임 밖에서 만나 시간을 보낼 때에 그룹 세션의 참여도가 더 좋아집니다. 사람들이 서로 편안해지고 다른 사람의 삶과 연결되면 될수록 그들은 함께하는 시간을 그만큼 더 많이 기대하게 됩니다. 이메일, 문자, SNS 등을 통해 성경공부 시간과 관련된 생각들, 헌신들 혹은 질문들을 나누고 그룹원들을 격려하십시오.

가능하면 그룹원들을 정기적으로 만나는 그룹 시간 외에 밖에서 그룹원들을 계획적으로 혹은 즉흥적으로 식사에 초대하거나, 함께 재미있는 활동을 하거나, 당신의 가정, 교회, 지역사회의 프로젝트에 함께 동참하도록 하십시오.

세션 소개

하나님 중심의 삶

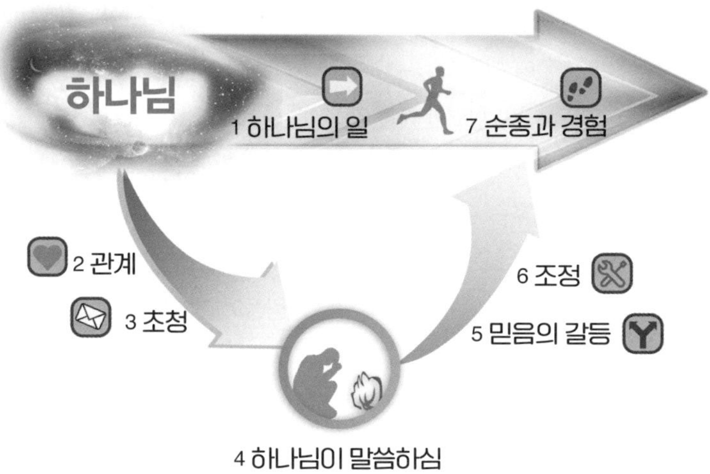

성경의 중심은 하나님이십니다. 성경을 펼 때마다 성경의 저자이신 그분의 얼굴을 마주한다는 사실을 결코 잊지 마십시오. 성경은 책 이상의 것입니다. 그것은 하나님의 말씀입니다. 성경을 통해 우주의 창조주께서 당신에게 말씀하십니다. 이것을 믿으십니까? 그런데 성경은 당신에 관한 책이 아닙니다. 그것은 하나님에 관한 책이며 당신이 그분을 참으로 어떻게 알 수 있는지를 알려주는 책입니다.

고대 히브리인들에 있어서 '안다'는 개념은 경험을 말합니다. 뭔가를 경험하지 않고서 당신은 그것을 진실로 알 수 없습니다. 그래서 하나님을 아는 유일한 방법은 그분을 경험하는 것입니다. 그분을 더 경험할수록 당신은 그분을 더 알게 됩니다. 그래서 그분의 말씀을 읽을 때마다 그분은 자신을 알리십니다.

다행히도 하나님은 성령님을 당신의 교사로 임명하셨습니다. 당신의 지혜로 하나님을 알 수 없습니다. 성령님은 당신을 아버지 하나님과 주 예수님께로 향하게 합니다. 그리고 당신의 마음과 생각을 하나님께 열게 합니다. 당신의 삶이 하나님 중심으로 바뀌기 시작하면 당신이 전혀 알지 못했던 하나님의 의도(agenda)가 있음을 알게 됩니다. 하나님은 당신을 통해 하실 일(mission)이 있습니다.

성경을 펴면 당신은 그분께서 당신과 당신 주변에서 일하고 계시는 것이 무엇인지 보기 시작합니다. 성경은 당신이 하나님의 길(ways)을 이해할 수 있도록 도움을 주기 위해 고안되었습니다. 그러므로 하나님께서 성경에서 역사하시던 것과 동일한 방법으로 당신의 삶을 사용하기 시작하실 때에 당신은 당신 안에서 그리고 당신을 통해 일하시는 분이 하나님이심을 깨닫게 될 것입니다. 불타는 떨기나무를 경험한 모세의 이야기는 하나님께서 평범한 사람들을 초청하셔서 비범한 방법들로 그분을 경험하는 실제적인 예가 됩니다. 성경 전체에 걸쳐 공통적으로 한 유형이 드러나는데 나는 이것을 〈하나님을 경험하는 삶 • 7가지 실체〉라고 부릅니다. 이 7가지 실체는 하나님께서 그분의 일에 사람들을 참여시키시는 방법들을 보여줍니다.

1. 하나님은 항상 당신 주위에서 일하고 계십니다.
2. 하나님은 당신과 실제적이고, 개인적이며, 지속적인 사랑의 관계를 추구하십니다.
3. 하나님은 그분의 일에 참여하도록 당신을 초청하십니다.
4. 하나님은 성령님에 의해 성경, 기도, 환경과 교회를 통해서 자기 자신과 목적과 길을 말씀하십니다.
5. 하나님의 부르심은 항상 당신을 믿음의 갈등으로 몰아넣고, 결단과 그에 따른 행동을 요구하십니다.
6. 당신은 하나님의 역사에 참여하기 위해서 당신의 인생을 하나님의 뜻에 맞게 조정해야 합니다.
7. 당신이 하나님께 순종하고, 하나님이 당신을 통해서 그분의 일을 성취하심으로 말미암아 당신은 경험으로 하나님을 알게 됩니다.

이 7가지 실체는 하나님 중심의 삶을 지속적으로 경험하는 과정을 설명해줍니다.

그룹 세션 소개

하나님 중심의 삶

시작하기

그룹원들이 아직 자신의 성경공부 교재를 가지고 있지 않다면 「하나님을 경험하는 삶 • 7가지 실체」를 나눠주면서 시작하십시오.

잠시 시간을 내어 그룹원들이 자신을 소개할 수 있는 시간을 갖고, 8주 동안 진행되는 본 과정에 대해 가지고 있는 그들의 기대감을 나누십시오.

하나님 말씀 안에서 공부를 시작하기 전에 항상 기도하십시오. 앞으로 공부하는 동안에 하나님의 뜻을 발견하고 각 사람의 삶이 바뀔 수 있도록 간구하십시오.

읽기와 반응하기

다음 문장을 소리 내어 읽으십시오.

성경은 당신이 하나님의 방법들을 이해할 수 있도록
도움을 주기 위해 고안되었습니다.
그러므로 하나님께서 성경에서 역사하시던 것과 동일한 방법으로
당신의 삶을 사용하기 시작하실 때에
당신은 일하시는 분이 하나님이심을 깨닫게 될 것입니다.

히브리서 11장과 하나님 중심의 삶을 토론하기 위해 다음 질문들을 사용하십시오.
(필요한 경우에 하나님 중심의 삶에 대한 개관을 다룬 10페이지를 참조하십시오).

히브리서 11장 1–2절을 읽으십시오.

1. 히브리서 기자는 1절에서 *믿음*을 어떻게 정의하고 있습니까?

2. 이 말씀을 당신 자신의 말로 어떻게 설명하겠습니까?

히브리서 11장 6절을 읽으십시오.

3. 2절과 6절의 말씀에 따르면 믿음과 하나님을 경험하는 삶 사이에는 어떤 관계가 있습니까?

4. 2절과 6절의 말씀은 하나님의 인정과 칭찬 혹은 하나님의 기뻐하시는 것과 상급을 언급하고 있습니다. 믿음과 하나님께 가까이 나아가길 구하는 것과 이러한 개념들과는 어떤 관계가 있습니까?

5. 단순히 하나님이 계신 것만을 믿는 것과 믿음으로 그분께 가까이 나아가길 구하는 것의 차이점을 어떻게 설명하겠습니까?

히브리서 11장 23-29절을 읽으십시오.

6. 이 구절들은 모세가 하나님을 경험한 방법에서 있어서 어떤 공통 요소를 강조하고 있습니까?

다음 문장을 큰 소리로 읽으십시오.

이 구절들은 모세의 삶 가운데 일어난 사건들과
하나님의 백성들이 애굽의 종살이에서 탈출하는 사건을 담고 있습니다.
이 구절들은 하나님을 기적적으로 만나는 장면들과 광야에서의 공급하심,
십계명을 받는 사건, 애굽의 재앙들이나 주님께서 모세를 불러
그분의 일에 참여케 하시는
떨기나무의 사건은 언급조차도 하지 않고 있습니다.

7. 히브리서 11장은 하나님 중심의 삶에 대해 우리에게 무엇을 가르쳐 줍니까?

다음 문장을 큰 소리로 읽으십시오.

모세의 삶은 신자들이 어떻게 하나님을 경험할 수 있는지를 보여주는
많은 예 중에 하나입니다. 우리는 하나님을 경험하는 삶의 7가지 실체의 모델로서
모세의 삶을 매주 면밀하게 살필 것입니다.

묵상하기

앞으로 있을 세션에서 그룹원들은 주 중에 읽은 성경공부 자료를 복습하고 그것을 그룹에서의 공부와 연결시킬 것입니다. 히브리서에서 읽은 것을 좀 더 깊이 묵상하십시오.

8. 당신의 삶은 하나님에 대한 믿음을 어떻게 보여주고 있습니까?

9. 당신은 믿음 외에 다른 어떤 방법으로 하나님의 인정을 받으려고 노력한 적이 있습니까?

10. 그러한 방법의 추구들이 당신과 하나님의 관계에 어떤 영향을 미쳤습니까?

11. 히브리서 11장 6절은 "믿음이 없이는 하나님을 기쁘시게 하지 못하나니"라고 말합니다. 이 말씀에 대한 당신의 반응은 어떠합니까?

12. 성경을 보다 더 잘 이해하는 방법 중 하나는 부정문을 긍정문으로, 긍정문을 부정문으로 바꿔 보는 것입니다. 히브리서 11장 6절 말씀의 진리를 당신은 긍정문으로 어떻게 바꾸겠습니까?

13. 하나님을 기쁘시게 하고 믿음으로 살기를 추구하는 사람들이 공통적으로 가장 많이 하는 질문 중 하나가 "어떻게 하면 하나님의 뜻을 알고 행할 수 있는가?" 하는 것입니다. 하나님의 뜻을 알고 싶을 때에 당신은 무엇을 하였습니까?

14. 현재 당신은 하나님께 가까이 나아가 그분의 뜻을 알기 위해 어떻게 이를 구하고 있습니까?

하나님을 경험하는 삶의 간증들

매주 당신이 하나님을 어떻게 경험했는지를 나눌 수 있는 기회를 갖게 될 것입니다.

15. 그룹원 중에 누구든지 자신이 어떤 경험을 했는지 간증할 수 있습니다. 예를 들면 하나님께서 여러분의 믿음에 대해 상을 주셨거나 아니면 그분을 구했을 때에 그분께서 가까이 다가오신 것과 같은 경우가 이에 해당됩니다.

16. 히브리서 11장 1절에 설명된 것처럼 당신은 믿음의 담대함과 확신을 어떻게 경험했습니까?

마무리하기

다음의 마지막 생각을 읽고 기도로 본 세션을 마치십시오.

"나의 삶을 향하신 하나님의 뜻은 무엇인가?"라는 질문은 최선의 질문이 아닙니다. "하나님의 뜻은 무엇이고 어떻게 하면 내가 그 뜻에 참여할 수 있을까?"라는 질문이 최선의 질문입니다. 우리는 우리 자신의 삶을 계획한 후에 성공하게 해 달라고 하나님께 간구합니다. 그러나 우리가 하나님 중심의 삶을 살 때에 하나님께서 우리를 초청하여 함께 일하자고 하시는 더 나은 계획들이 있다는 것을 알게 됩니다.

그룹원들에게 다음 모임 전에 먼저 실체 1의 매일 읽어야 할 내용에 전념하도록 독려하십시오. 그룹원들은 경건을 위한 글들과 5일 후에 나오는 미리 작성하는 것뿐 아니라 〈하나님을 경험하는 삶 • 7가지 실체〉를 면밀히 검토하기도 전에 먼저 모세의 이야기를 새롭게 마음에 담기 위해 출애굽기 1장부터 20장까지를 모두 읽을 수 있습니다.

다음 주에 우리는 "하나님은 항상 당신 주위에서 일하고 계십니다"는 실체 1을 논의할 것입니다.

실체 1

하나님의 일

하나님은 항상 당신 주위에서 일하고 계십니다.

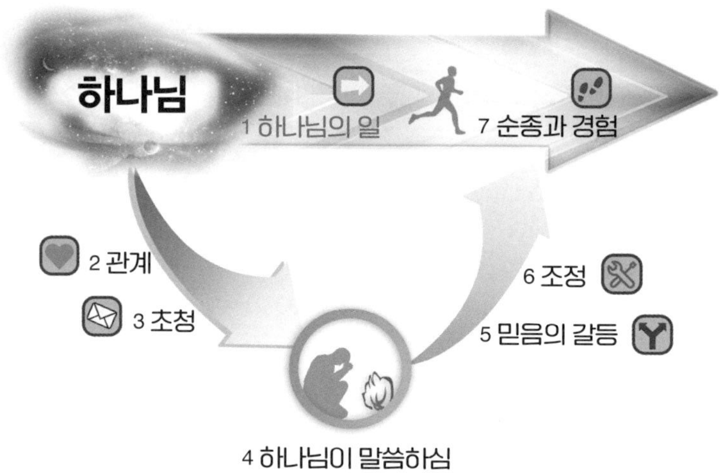

하나님은 세상을 창조하신 후에 스스로 작동하도록 내버려두지 않으셨습니다. 그분은 역사를 통해 인간사에 내내 적극적으로 관여하셨습니다. 사실 그분은 역사를 연주하고 계십니다. 죄로 인해 인류는 하나님과의 친밀한 관계에서 분리되었습니다. 하나님은 그분에게서 분리되어 임박한 심판과 멸망에 직면한 사람들을 구속하시기 위해 그분의 세상에서 일하고 계십니다. 아버지 하나님은 그리스도를 통해 세상과 자신을 화목케 하는 일을 하고 계십니다. 하나님의 주권 가운데 그분은 자기 백성들을 통해 그분의 일을 이루시기로 작정하셨습니다. 그분은 자기의 임무를 수행하시면서 그분이 하고 계신 일 가운데로 사람들을 데려가려 하십니다.

모세가 불타는 떨기나무에서 하나님을 만났을 때에 하나님은 이미 그의 주위에서 일하고 계셨습니다. 하나님은 한 목적을 가지고 계셨으며 모세가 속한 세상에서 이를 지속적으로 진행하고 계셨습니다. 비록 모세는 광야의 망명자였지만 그는 하나님의 때에, 하나님의 뜻 가운데, 바로 그 순간을 위한 정확한 하나님의 시간표 안에 있었습니다.

이보다 앞서 하나님은 아브라함에게 그의 자손이 노예가 될 것이며 또한 그분께서 그들을 구원하여 약속한 땅을 주시겠다고 말씀하셨습니다. 하나님은 이스라엘을 향한 그분의 목적을 이루실 정확한 때를 지켜보시고 기다리셨습니다.

하나님께서 이스라엘 자녀들을 구원하시려 할 때에 중요한 관심사는 그분이 이스라엘에 대해 가지고 계신 뜻이었지 모세에 대한 것이 아니었습니다. 하나님은 이스라엘을 다루고 계셨으며 자기 백성을 구원하시기 위해 그분이 하시는 일 가운데로 모세를 데려올 준비를 하고 계셨습니다.

이 진리는 또한 당신의 삶에도 적용됩니다. 하나님은 당신 주위 사람들의 삶 가운데서 적극적으로 역사하고 계십니다. 심지어 당신이 그것을 인식하지 못할 때에도 그렇습니다. 그런데 하나님께서 당신의 영안을 열어서 그분이 하고 계신 일을 깨닫게 해주지 않으시면 당신은 여전히 그분의 임재와 일하심을 보지 못할 것입니다.

제1일

기적적인 일

일어나 너의 발로 서라 내가 네게 나타난 것은 곧 네가 나를 본 일과
장차 내가 네게 나타날 일에 너로 종과 증인을 삼으려 함이니
행 26:16

하나님은 당신이 그분을 따르기 시작하기 오래 전부터 당신의 삶 가운데서 역사하셨습니다. 주님은 시간이 시작되기 전에 당신을 미리 아셨고 당신의 삶을 통해 행하고자 하시는 일이 뭔지도 아십니다(시 139:13; 렘 1:5).

사도 바울이 다메섹 도상에서 회심을 경험하기 전에 예수님은 이미 바울을 아셨고 그를 위해 특별한 일을 맡기려 하셨습니다. 그러나 예수님은 이 사명을 바울이 회심한 후에 비로소 알리셨습니다(행 9:15). 바울은 너무나 오해를 해서 하나님을 열심히 섬기고자 노력했지만 실제로는 그리스도인과 전쟁을 벌이고 있었습니다. 비록 하나님께서는 바울에게 원하시는 것이 무엇인지 아셨지만 그가 그분을 알고 주님으로 모시기 전까지는 그에게 계시를 보류하셨습니다.

우리 주님은 우리가 그분을 위해 무엇을 성취하길 원하는지를 알아보기 위해 우리에게 오지 않으십니다. 그분이 우리를 만나시는 것은 그분이 하시는 일을 계시하시고 우리를 그분의 일에 참여하도록 초청하시기 위함입니다. 하나님을 만나려면 우리는 계시된 하나님의 일에 우리 자신을 조정해야 합니다. 하나님은 결코 우리에게 그날의 큐티를 위한 따스한 생각을 주시기 위해 우리와 소통하지 않으십니다. 그분은 결코 우리의 성경 지식을 증대시키기 위해 우리에게 말씀하지 않으십니다. 하나님께서 하시는 일을 우리에게 보이실 때에는, 우리가 그분이 하시는 일에 참여하도록 초청하십니다.

오늘 하나님을 경험하길 원하십니까? 만일 그렇다면 바울이 "주님, 무엇을 하리이까?" 라고 물었던 것처럼 당신도 물을 준비가 되지 않았다면 하나님께 음성을 듣길 구하지 마십

시오.

성경에서 하나님께서 사람들을 통해 기적을 행하시는 기사를 읽으면서 당신은 하나님께서 이런 기적들을 오늘날에도 행하실지 궁금해 할지 모르겠습니다. 그러나 모세, 여호수아, 엘리야, 베드로, 야고보, 요한, 바울과 함께 행하셨던 바로 그 하나님이 지금 당신 안에 살아 계시다는 이 사실을 확실히 아십시오. 당신을 인도하시는 하나님을 그 어느 권세도 깰 수 없습니다. 그들을 축복하셨던 하나님이 당신의 삶을 통해 그분의 목적들을 이루실 수 있습니다. 무적으로 보이는 원수들을 물리치는 승리를 그들에게 주셨고 그들이 어떤 결정을 할 때에 그들을 인도하셨던 그 동일하신 하나님이 오늘 당신의 삶에서 강력한 역사를 준비하고 계십니다.

우리는 하나님께서 원하시는 것은 무엇이든 하실 수 있다고 믿지만 거기에 한 가지 안전한 약관을 덧붙입니다. "그러나 나는 하나님께서 그것을 나와 함께하실 것이라고 생각지 않습니다." 이 경우에 우리는 실제적으로는 무신론자가 되어 하나님께서 기적을 행하실 것은 믿지만 우리 자신의 삶 가운데서 그 기적을 일어날 것이라고는 결코 기대하지 않습니다.

믿음의 영웅들에게는 한 가지 공통점이 있습니다. 그것은 그들 모두 능력이 없는 평범한 사람들이었다는 것입니다. 차이가 있다면 그들은 전능하신 하나님과 함께했다는 것뿐입니다. 시대가 바뀌어도 하나님의 임재와 기적의 효력은 동일하게 나타납니다.

1. 당신은 언제 하나님을 처음 경험했습니까?[1] 하나님께서 복음을 통해 당신을 믿음으로 이끄는 데 처음으로 사용하신 사람은 누구였습니까? 당신의 회심에 대해 기억할 수 있는 모든 상세한 사항들을 기록하십시오. 하나님께서 역사하셔서 당신을 구원하지 않으셨다면 당신의 삶은 어떤 모습일지 생각해 보십시오. 당신의 이야기가 어떻게 기적입니까?

2. 당신의 삶의 어느 부분에서 하나님께서 지금 일하고 계시며 계획을 가지고 계시다는 것을 믿기가 어렵습니까?

3. 오늘 읽은 문장이나 성경 중에 가장 의미심장한 것은 무엇이었습니까?

4. 그 문장이나 성경 구절을 하나님께 드리는 반응의 기도문으로 바꿔 보십시오.

5. 하나님은 당신이 무엇을 하길 원하십니까? 오늘의 학습과 연관지어 생각해보세요.

---

1. 만일 예수 그리스도께서 이루신 역사에 대해 믿음으로 반응하지 않아 하나님을 경험한 적이 없다면 이 책의 뒷부분으로 가서 하나님과 개인적인 관계를 시작하는 법을 배우십시오(참조 170p).

제2일

계속되는 구원의 역사

그러므로 나의 사랑하는 자들아 너희가 나 있을 때뿐 아니라 더욱 지금 나 없을 때에도
항상 복종하여 두렵고 떨림으로 너희 구원을 이루라 너희 안에서 행하시는 이는
하나님이시니 자기의 기쁘신 뜻을 위하여 너희에게 소원을 두고 행하게 하시나니
빌 2:12-13

구원은 단지 하나의 사건이 아닙니다. 그것은 과정입니다. 구원은 하나님의 선물입니다. 왜냐하면 우리가 우리 자신을 구원하기 위해 할 수 있는 것이 아무것도 없기 때문이다. 그러나 구원과 함께 우리의 구원을 이뤄야 할 책임이 뒤따릅니다.

이는 그리스도인의 삶에 있어 커다란 모순입니다. 우리는 우리의 믿음을 부지런히 살펴야 하지만 언제나 오직 하나님만이 영속적인 변화를 가져올 수 있다는 사실을 인식해야 합니다. 하나님께서 우리 안에서 일하시는 모습을 보면 우리는 더욱 더 열심히 일하고자 하는 동기부여를 받습니다.

하나님은 그분의 변화를 우리에게 강요하지 않으십니다. 또한 우리도 성령의 역사를 떠나서 우리 삶의 영속적인 변화를 가져올 수 없습니다. 성령의 열매를 점검하는 것은 위협적일 수 있습니다(갈 5:22-23). 아홉 가지 성품 모두를 당신의 삶에 드러내는 일은 불가능해 보이며 정말 그렇습니다. 그러나 그리스도인이 되는 순간에 성령님께서는 그리스도의 성품을 당신 안에서 만드시는 거룩한 작업을 시작하셨습니다. 그리고 그분은 자신이 시작하신 일을 언제나 신실하게 이루실 것입니다(빌 1:6).

당신이 누구든 상관없이 성령님께서는 동일한 모범이 되시는 예수 그리스도를 따라 일하십니다. 성령님은 그리스도를 바라보시며 당신의 성품을 위한 청사진을 공급하십니다. 성령님께서는 예수님이 자기의 친구인 당신을 위해 목숨을 버리셨을 때에 가지셨던 그 동일한 사랑을 당신이 경험하고 행할 수 있도록 즉시 돕기 시작하십니다(요 15:13). 이제 당신은 그분이 경험하신 바로 그 기쁨으로 채워질 것입니다. 심지어 예수님께서 매 맞으시고

조롱당하실 때에도 그분의 마음을 지켜드렸던 바로 그 평화가 성령님의 역사하심으로 당신에게 채워질 것입니다. 겉보기에 가르치기 어려운 제자들을 향해 참으셨던 예수님의 그 인내는 이제 당신 안에서 변화시키시는 성령님의 인내가 될 것입니다. 예수님께서 어린 아이들과 죄인들에게 보여주셨던 그 자비로 인해 당신의 마음은 다른 사람들을 향해 부드러워질 것입니다. 당신에게 오직 하나님의 영의 임재 외에는 설명할 수 없는 선함이 있을 것입니다. 예수님으로 하여금 전적으로 아버지 하나님께 순종하도록 인도하신 그 동일한 믿음을 성령님이 당신 안에 세우실 것입니다. 성령님은 당신에게 절제를 가르쳐 주셔서 당신이 옳은 일을 행하고 유혹에 저항할 힘을 갖게 될 것입니다. 성령님이 당신 안에 거하시기 때문에 이 모든 일은 나무의 열매가 자라듯 자연스럽게 일어날 것입니다.

당신은 스스로의 힘으로 영적 성장을 일으킬 수 없습니다. 그것은 신자가 되는 순간 저절로 시작됩니다. 그 일이 얼마나 빨리 일어나느냐 하는 것은 당신이 성령님의 일하심에 얼마나 온전히 순복하느냐에 달려 있습니다. 하나님께서 당신의 삶의 한 영역을 개발하고 계신 것이 감지되면 그분이 일하시는 것에 동참하여 그분의 구원이 당신 안에서 온전히 드러나게 하십시오.

하나님께서 당신 안에서 행하고 싶어 하시는 일이 무엇입니까? 그분께서 이미 시작하신 일을 완성하시도록 허락해 드렸습니까? 하나님은 당신의 인생을 향해 계획하신 모든 것을 당신이 억지로 받아들이도록 강요하지 않으십니다. 당신 안에서 하나님의 역사가 성취되지 않았다고 해서 그리스도께서 그 목적을 향해 부지런히 일하고 계시지 않다는 뜻이 아닙니다. 오히려 당신이 그분에게 당신의 삶의 영역들을 내어드리고 그리스도께서 당신 안에서 하나님의 일이 성취되는 걸 보고 싶어 하시는 것만큼 당신도 그렇게 결단해야 합니다.

1. 당신은 영적으로 성장하면서 지속적인 구원의 역사를 어떻게 경험했습니까?

2. 갈라디아서 5장 22-23절에 명시된 열매를 보고,당신의 삶에서 성령의 열매가 가장 명백히 나타내는 부분은 어디입니까?

3. 구원을 이루어 가는데 당신이 가장 애쓰는 영역들은 무엇입니까?

4. 오늘 읽은 문장이나 성경 중에서 가장 의미심장한 것은 무엇이었습니까?

5. 그 문장이나 성경 구절을 하나님께 드리는 반응의 기도문으로 바꿔 보십시오.

6. 하나님은 당신이 무엇을 하길 원하십니까? 오늘의 학습과 연관지어 생각해보세요.

제3일

하나님 중심의 관점

성령이 빌립더러 이르시되 이 수레로 가까이 나아가라 하시거늘
행 8:29

하나님은 항상 일하십니다. 그분은 지금도 임무(mission) 수행 중이십니다. 우리가 임무라 할 때에 그것은 하나님께서 영적으로 마음이 준비되어 있는 사람들을 찾으셔서 하나님 나라를 위해 변화를 일으킬 수 있는 곳에 그들을 배치하신다는 것을 의미합니다. 역사상 위대한 선교사들 중에 어떤 이들은 오래 살지 못했지만 영원에 극적인 영향력을 미치는 삶을 살았습니다.

예를 들어, 하나님은 빌립에게 관심을 가지셨습니다. 그리고 사도행전은 그분께서 빌립의 삶을 통해 복음을 땅 끝까지 어떻게 전하셨는지를 흥분된 어조로 설명합니다(8:5-8). 하나님은 그를 너무나 강력하게 사용하셔서 그 도성 전체가 하나님이 행하시는 기적을 보고 기뻐했습니다. 온 도시 전체가 전도를 통해 복음으로 돌아오는 것, 아마도 이것은 복음 전도자라면 가장 강하게 원하는 것일 겁니다. 그런데 빌립의 신앙생활은 일 중심이 아니었습니다. 하나님 중심이었습니다. 빌립은 위대한 설교가나 기적을 행하는 사람으로서 명성을 떨치는데 관심이 없었습니다. 그는 그의 삶이 하나님이 하시는 일의 중심에 머물러 있는 데에 관심이 있었습니다.

사마리아에서 사역이 열매를 맺고 있는데 하나님께서 빌립에게 떠나라고 지시하셨을 때에 그는 망설이지 않았습니다(26-40절). 그는 항상 준비가 되어 있었습니다. 말씀에 귀를 기울였습니다. 하나님이 하시는 일에 동참함으로써 하나님을 경험했습니다.

하나님은 빌립처럼 그분의 임무에 응답하여 함께 할 자들을 계속해서 찾고 계십니다. 오늘날 하나님의 움직임이 더 많은 곳에서 나타나지 않는 이유는 그분이 일을 하실 수 없거나

일을 하실 의향이 없으셔서가 아닙니다. 그분은 먼저 자기중심의 일에서 벗어나 혁신적으로 조정을 하며 세상에서 하나님이 일하시는 중심에 있기를 원하는 자를 찾으십니다.

하나님 중심의 관점을 갖는 것이 영적으로 하나님의 일을 준비하는 열쇠입니다. 만일 위기가 닥쳤을 때에 당신이 영적으로 준비가 된 자라면 당신을 지탱해 줄 수 있는 그리스도와의 관계를 급히 개발하기 위해 노력할 필요가 없을 것입니다. 만일 하나님 중심의 관점을 가지고 있다면 불신자에게 전도의 기회가 갑자기 생기더라도 당신은 전도할 준비가 되어 있을 것입니다. 만일 당신이 영적으로 준비되어 예배한다면 하나님을 반드시 만나게 될 것입니다. 만일 당신이 슬픔에 잠긴 사람을 만났을 때에 영적으로 충만하다면 그에게 줄 것이 많을 것입니다. 만일 당신의 삶에서 미리 안전장치들을 비치해 놓았다면 유혹을 당할 때에 거기에 빠지지 않을 것입니다.

그리스도인들은 하나님과 관계를 세우는데 충분한 시간을 드리지 않기 때문에 하나님의 역사를 경험할 수 있는 많은 기회들을 잃습니다. 만일 날마다 기도하고 성경 공부하는 것을 아직 습관으로 삼지 않았다면 삶이 어떠하든지 간에 영적으로 무장하기 위하여 지금부터 시작하지 않겠습니까?

1. 하나님 중심의 관점을 개발하고 영적으로 자신을 준비하여 하나님의 일에 동참하기 위해 현재 어떻게 하고 있습니까? 일상 생활에서 기도와 성경읽기를 할 수 있는 시간과 장소를 확보하십시오.

2. 당신의 삶에 있어서 형통한 부분을 찾아보십시오. 당신의 삶의 영역에서 하나님 중심의 관점을 갖는다는 것은 무엇을 의미합니까?

3. 당신의 삶에서 현재 어려움에 봉착한 영역을 찾아보십시오. 당신의 삶의 영역에서 하나님 중심의 관점을 갖는다는 것은 무엇을 의미합니까?

4. 오늘 읽은 문장이나 성경 중에서 가장 의미심장한 것은 무엇이었습니까?

5. 그 문장이나 성경 구절을 하나님께 드리는 반응의 기도문으로 바꿔 보십시오.

6. 하나님은 당신이 무엇을 하길 원하십니까? 오늘의 학습과 연관지어 생각해보세요.

제4일

선한 일 아니면 하나님의 일

어떤 사마리아인은 여행하는 중 거기 이르러 그를 보고 불쌍히 여겨
눅 10:33

너무 바쁘게 살다보면 아버지 하나님의 일에 집중하지 못하도록 유혹을 겪는 경우가 있습니다. 예수님은 이것을 너무도 잘 아십니다.

누가복음 10장에서 주님은 이러한 위험을 분명하게 설명해주는 한 가지 비유를 말씀하셨습니다. 어떤 유대인이 여리고로 여행 중이었는데 강도들의 잔인한 공격을 받고 길에서 죽어가고 있었습니다. 먼저 제사장이 그리고 레위인이 지나갔습니다. 이 사람들은 종교 지도자들이었습니다. 물론 그들은 다친 사람을 불쌍히 여겼을 겁니다. 그러나 그들은 가야 할 곳과 지켜야 할 약속이 있어서 그를 그냥 지나쳤습니다.

다음에 유대인들이 경멸하는 사마리아인이 왔습니다. 누구보다도 이 사람은 다른 길로 갈 충분한 이유가 있었습니다. 왜냐면 부상당한 사람은 그의 원수였기 때문이었습니다. 그러나 누군가가 그의 도움을 필요로 했기 때문에 그가 어디를 가는지는 그다지 중요하지 않았습니다.

당신은 너무 바빠서 곤궁에 처한 사람들을 망각하기 쉽습니다. 당신의 일정에 행해야 할 선한 일들이 너무 많아서 당신 주변의 사람들에게 도움을 주지 못할 수도 있습니다.

하나님은 당신의 친구들, 이웃들 그리고 가족들의 삶 가운데 일하고 계십니다. 그분은 당신의 일상에 개입하셔서 상당 시간 동안 그들을 섬기도록 부탁하실지 모릅니다. 그분께서 당신에게 일을 멈추고 도우라고 말씀하실 때에는 당신이 아무리 바쁘더라도 당신이 해야 할 일 중 그 어느 것도 하나님의 음성을 무시할 정도의 이유는 되지 못합니다. 만일 당신이 너무 바빠서 당신 주변의 사람들을 섬길 수 없다면 그분을 섬길 기회를 놓치지 않기 위

해 당신의 우선순위를 재정립해 달라고 하나님께 간구하십시오.

예수님도 자신의 역할이 종이 되는 것임을 아셨습니다(마 20:28). 그분은 아버지 하나님을 위해 일을 먼저 시작하길 결코 구하지 않으셨습니다. 종은 결코 자신의 일을 정하지 않습니다. 주님이 정합니다. 종은 주인이 행하시는 일에 깨어 있어야 합니다. 그래서 주인이 어떤 방향으로 움직이면 종은 재빨리 그분과 동행해야 합니다. 예수님은 아버지 하나님을 너무 잘 아셨기에 아버지께서 자기 주변에 일하시는 것을 예민하게 감지하고 즉각 알아차리셨습니다.

우리는 하나님께서 우리의 일에 개입하셔서 도와달라고 하는데 너무 바빠 그분께서 우리 주변에서 일하고 계심을 알아차리지 못할 수 있습니다. 하나님은 우리의 관심의 방향을 재정립하셔서 그분의 일에 동참하기를 원하십니다. 그러나 우리는 자기중심적인 성향이 있어서 모든 일을 우리에게 미치는 영향에 따라 평가합니다. 우리는 하나님의 관점에서 우리 주변의 일들을 살펴보는 법을 배워야 합니다. 그러면 우리는 세상을 매우 다르게 볼 것입니다. 하나님께서 누군가를 우리의 삶의 여정에서 만나게 하실 때에 우리는 하나님께서 그 사람에게 구원받아야 할 필요성을 일깨우고 계신지 아닌지를 살펴야 할 것입니다. 아마도 하나님은 지금 슬픔 가운데 있는 누군가를 위로하고 계실지 모릅니다. 하나님은 도전에 직면한 당신 친구 중 어떤 사람을 격려하고 계실지 모릅니다. 하나님께서 그 사람의 삶에서 일하실 때에 우리는 우리 삶을 조정하여 그분의 일에 참여해야 합니다. 우리는 하나님께서 지금 우리 주변 어디에서 일하고 계신지를 살피면서 커다란 기대감을 가지고 매일을 살아야 합니다.

1. 1(=꽉 찬 일정에 압도된 경우)에서 10(=하나님께 활짝 열려 있는 경우)의 점수로 환산했을 때에 당신은 매일의 삶에서 몇 점 정도의 여유를 가지고 있습니까?

2. 1(=꽉 찬 일정에 압도된 경우)에서 10(=하나님께 활짝 열려 있는 경우)의 점수로 환산했을 때에 하나님께서 당신의 일정에 개입하길 원하시는지에 대해 당신은 몇 점이나 인식하고 있습니까?

3. 1(=꽉 찬 일정에 압도된 경우)에서 10(=하나님께 활짝 열려 있는 경우)의 점수로 환산했을 때에 만일 하나님께서 그분의 일에 동참할 기회를 깨닫게 해주신다면 당신은 당신의 계획들을 바꿀 의향이 몇 점이나 됩니까?

4. 다음 중 어느 것이 하나님의 뜻과 당신의 삶의 관계를 가장 잘 설명해 주는지 정직하게 답하십시오.

- 나는 하나님의 뜻에 대해 결코 생각하지 않는다.
- 나는 선한 삶을 살려고 노력하며 하나님께서 이를 기뻐하시길 소망한다.
- 나는 계획을 세우고 하나님께서 내 일상의 활동들을 성취하는데 도움을 주시길 간구한다.
- 나는 하나님의 뜻을 알길 추구하고 그런 다음에 그분이 지금 하시고 계신 일에 동참하기 위해 나의 삶을 바꾼다.

5. 오늘 읽은 문장이나 성경 중에서 가장 의미심장한 것은 무엇이었습니까?

6. 그 문장이나 성경 구절을 하나님께 드리는 반응의 기도문으로 바꿔 보십시오.

7. 하나님은 당신이 무엇을 하길 원하십니까? 오늘의 학습과 연관지어 생각해보세요.

제5일

장소와 목적

형제들아 내가 당한 일이 도리어 복음 전파에
진전이 된 줄을 너희가 알기를 원하노라
빌 1:12

모든 상황을 보는 방법은 두 가지입니다. 즉 그 상황이 당신에게 어떠한 영향을 미칠지 하는 것과 하나님의 나라에 어떤 영향을 미칠지 하는 것입니다. 사도 바울은 언제나 그의 상황이 복음의 진전에 어떻게 도움이 되는지에 관심이 있었습니다. 그는 부당하게 투옥되었을 때에도 즉시 그의 투옥으로 인해 하나님의 구원이 다른 사람들에게 어떻게 전해질 수 있는지를 살펴보았습니다(행 16:19-34; 빌 1:13). 그는 성난 군중의 공격을 받았을 때에도 이를 복음을 전하는 기회로 삼았습니다(행 22:1-21). 바울이 형사 재판을 받기 위해 아그립바 왕 앞에 섰을 때에도 믿음을 나눌 생각을 했습니다(26장). 바울은 배가 섬에 난파된 때에도 그 상황을 하나님의 일에 동참하는데 사용했습니다(28:7-9). 자신의 상황과 상관없이 바울의 관심은 현재 상황을 이용해 하나님의 구원의 복음을 다른 사람들에게 전하는데 있었습니다.

우리가 새로운 상황을 만날 때에 제일 먼저 갖는 생각은 하나님 나라에 대한 것이 아닐 때가 많습니다. 위기를 만날 때에 하나님께서 우리의 상황을 통해 하시고자 하는 일이 무엇인지 바라보기보다는 화를 내거나 우리의 안전에 대해 두려움을 느낄 수 있습니다. 우리가 계속해서 자기중심적일 때에 우리의 경험을 통해 하나님께서 우리와 주변 사람들을 위해 하실 수 있는 많은 것들을 놓치게 됩니다.

당신은 당신을 부르시고 성령으로 당신을 무장시키신 하나님께서 당신을 통해 강력하게 역사하실 수 있다고 담대하게 믿습니까? 당신은 당신이 살고 있는 시간과 장소를 하나님의 부르심과 연결해 보신 적이 있습니까? 그분은 어떤 목적을 위해 지금 당신이 있는 그곳에 당신을 정확하게 두셨습니다.

세상에서 일어나는 일들은 결코 하나님에게는 갑자기가 아닙니다. 성경 역사에는 하나님께서 자신들을 통해 그분의 나라를 위해 중대한 변혁을 일으키실 수 있다고 믿은 그리스도인들의 예가 가득합니다. 하나님은 전략적으로 요셉을 애굽에서 바로 다음의 제2인자로 두셔서 야곱과 그의 가족을 무서운 가뭄에서 구원하셨습니다(창 41:39-40; 45:5-7). 하나님은 전략적으로 에스더를 위기의 순간에 왕의 궁정에 두셨고 그녀는 하나님의 백성의 생명을 구할 수 있었습니다(스 4:14).

성경에 나타나는 영웅들을 통해 일하셨던 그 동일하신 하나님이 지금도 여전히 일하십니다. 이런 이야기들을 읽으면서 우리는 우리와 성정이 같은 사람들이 어려운 상황에서 하나님의 역사를 신뢰했다는 사실을 망각했을지 모릅니다. 우리는 이야기의 결말을 알고 있습니다. 그들은 하나님의 역사 가운데 살았었습니다.

당신도 이 동일한 모험 – 하나님 나라의 이야기 –의 한 부분입니다. 당신이 어디에 있든지 그 이야기는 하나님의 이야기입니다. 그것은 당신의 이야기가 아닙니다. 그리고 그것이 하나님의 이야기이기 때문에 당신은 그분께서 당신이 지금 서 있는 바로 그 자리에서 어떤 계획을 가지고 계시다고 확신할 수 있습니다. 그분은 그분의 목적들을 위해 당신 안에서 혹은 당신을 통해 언제나 일하고 계십니다. 당신이 이해가 안 된다 할지라도 다음처럼 말씀하시는 그분을 신뢰하십시오.

> 이는 하늘이 땅보다 높음 같이 내 길은 너희의 길보다 높으며
> 내 생각은 너희의 생각보다 높으니라
> 사 55:9

1. 모든 상황을 보는 방법은 두 가지입니다. 즉 그 상황이 당신에게 어떠한 영향을 미칠 것인가와 하나님의 나라에 어떤 영향을 미칠지 하는 것입니다. 어느 것이 당신의 관점을 가장 잘 설명해 줍니까?

2. 당신은 현재의 상황이 당신의 삶의 길을 결정하는 것을 어떻게 받아들이고 있습니까?

3. 당신은 하나님께서 당신을 사용하셔서 당신 세대에서 변혁을 일으키시는 일을 어떻게 허락하고 있습니까?

4. 오늘 읽은 문장이나 성경 중에서 가장 의미심장한 것은 무엇이었습니까?

5. 그 문장이나 성경 구절을 하나님께 드리는 반응의 기도문으로 바꿔 보십시오.

6. 하나님은 당신이 무엇을 하길 원하십니까? 오늘의 학습과 연관지어 생각해보세요.

지금 나는 하나님을 어떻게 경험하고 있는가?

본 여백을 이용하여 하나님을 경험하는 삶에 대한 일지를 쓰십시오.

특별히 '하나님은 항상 당신 주위에서 일하고 계십니다'라는 실체 1을 가지고 쓰십시오.

그룹 세션– 실체1

하나님은 항상 당신 주위에서 일하고 계십니다

시작하기

복습과 기도로 시작하십시오. 지난주에 히브리서 11장 1-6절, 23-29절을 공부하면서 토론한 진리들을 요약해 달라고 자원자에게 부탁하십시오.

하나님께서 그룹원들의 삶을 통해 행하고자 하시는 일에 대해 당신의 마음과 생각을 열어 달라고 간구하십시오.

읽기와 반응하기

성경본문과 실체 1을 공부하십시오. 출애굽기 1-2장을 소리 내어 읽으십시오.

하나님께서 모세를 사용하셔서 바로를 대적하시고 이스라엘 백성을 노예에서 해방시키실 것을 아는 상황에서 출애굽기 1-2장에 나오는 실체 1의 예들을 토론하십시오.

(필요하다면 실체 1의 개요를 살펴보기 위해 17페이지를 참조하십시오).

1. 모세가 탄생했을 때에 하나님은 어떻게 일하셨습니까? (1:15-2:2)

2. 모세의 어린 시절에 하나님은 어떻게 일하셨습니까? (2:1-10)

3. 모세가 청년이었을 때에 하나님은 어떻게 일하셨습니까? (2:15-25)

4. 어떤 면에서 하나님의 역사는 단지 모세의 생명을 구원하시는 것보다 훨씬 컸습니까? (2:23-25)

5. 우리가 하나님께서 일하시는 모습을 볼 수 없을 때에 2장 24-24절의 말씀은 어떤 위로를 줍니까?

복습하기

실체 1에 대해 매일 읽은 글들의 주제들과 연관 지어 개인적 차원에서 토론을 계속하십시오. (이 질문들을 가이드로 삼되 매일 읽은 글들에 대한 반응으로 취한 어떤 행동들이나 의미 있는 문장들에 대해 자유롭게 토론하십시오)

제1일

6. 당신 삶의 어느 부분에서 하나님께서 지금 일하고 계시며 계획을 가지고 계시다는 것을 믿기가 어려우십니까?

7. 모세와 같은 성경 영웅들의 삶에서 역사하신 그 동일한 하나님이 당신의 삶에서도 일하신다는 것을 알 때에 당신은 어떤 격려(혹은 찔림)를 받습니까?

제2일

8. 요한복음 5장 17절에서 예수님은 "내 아버지께서 이제까지 일하시니 나도 일한다"고 말씀하셨습니다. 하나님은 지금 그분의 목적들을 위해 당신의 성품을 형성하는데 어떤 식으로 일하고 계십니까?

제3일

9. 당신 주위에서 일하고 계시는 하나님의 역사에 계속 깨어있기 위해 당신의 삶 가운데서 당신은 어떤 일상의 계획들을 세웠습니까?

제4일

10. 출애굽기 2장 11-15절에서 모세는 하나님께서 어떻게 일하고 계신지를 살피는 대신에 문제를 자기 손으로 해결하려 했습니다. 당신이 스스로의 노력을 통해 일을 하거나 혹은 당신 자

신의 갈망에 너무 초점을 맞춰서 일을 엉망으로 만든 적이 언제입니까?

11. 당신은 하나님의 일에 동참할 기회를 깨달음으로써 하나님을 경험한 적이 언제입니까?

12. 하나님의 뜻과 당신의 삶의 관계를 다음 중 어느 것이 가장 잘 설명해 주는지 정직하게 답하십시오.
   - 나는 하나님의 뜻에 대해 결코 생각하지 않는다.
   - 나는 선한 삶을 살려고 노력하며 하나님께서 이를 기뻐하시길 소망한다.
   - 나는 계획을 세우고 하나님께서 내 일상의 활동들을 성취하는데 도움을 주시길 간구한다.
   - 나는 하나님의 뜻을 알도록 추구하고 그런 다음에 그분이 지금 하시고 계신 일에 동참하기 위해 나의 삶을 바꾼다.

제5일

13. 하나님은 모세의 삶에 초점을 맞추지 않으셨습니다. 그분은 보다 더 큰 계획을 위해 모세 안에서 그리고 모세를 통해 일하셨습니다. 당신이 지금 그 자리에 있는 것은 실수나 우연이 아닙니다. 하나님은 당신이 우연으로 생각했을 사건들이나 사람들을 통해 당신의 삶에서 어떻게 역사하셨습니까?

14. 모든 상황을 볼 때에 두 가지 방법이 있습니다. 즉 그 상황이 당신에게 어떤 영향을 미칠 것인가와 하나님의 나라에 어떤 영향을 미칠 것인가 하는 것입니다. 이 둘 중에 어느 것이 당신의 관점을 가장 잘 설명해줍니까?

15. 하나님께서는 당신의 현 상황을 이용하셔서 어떻게 다른 사람들을 축복하시고 이 세대에서 어떻게 변혁을 일으키실 수 있습니까?

16. 하나님의 뜻을 알고 행하는데 있어서 당신은 이번 주에 어떠한 도전을 받았습니까?

하나님을 경험하는 삶의 간증들

이 기회를 통해 당신이 하나님을 경험한 방식들을 나누십시오.

17. 그룹원 중에 아무나 그의 삶에서 하나님의 역사를 경험한 때에 대해 간증해 달라고 부탁하십시오.

18. 당신은 언제 하나님께서 당신의 상황에 대해 무관심하시거나 알지 못한다고 느꼈습니까? 과거를 회상했을 때에 당신은 어떻게 하나님을 경험했으며 그분께서 항상 당신 주위에서 일하신다는 것을 알았습니까?

19. 하나님께서 당신의 삶에서 일하시는 것이 어떻게 단지 당신의 유익을 위한 것 이상의 것입니까?

마무리하기

다음의 마지막 생각을 읽고 기도로 본 세션을 마치십시오.

하나님을 경험하는 삶의 첫 번째 실체는 하나님은 항상 당신 주위에서
일하고 계신다는 것입니다. 하나님의 일하심이 처음에는 인식되지 않을 수 있지만
그분의 목적은 그분이 일하시는 곳으로 사람들을 옮기시는 것입니다.
그분은 그분의 은혜로 사람들을 구원하시는 미션을 수행하고 계십니다.
궁극적으로 이 미션은 모세와 애굽에 있는 이스라엘 백성보다 더 큽니다.
하나님의 미션은 예수 그리스도를 통해 사람들을 구원하시는 것입니다.
그분의 성령은 오늘도 우리의 삶 가운데 여전히 역사하시기에
우리도 그분의 뜻을 알고 행할 수 있습니다.

다음 주에 우리는 "하나님은 당신과 실제적이고 개인적이며 지속적인
사랑의 관계를 추구하십니다"는 실체 2를 논의할 것입니다.

실체 2
관계

하나님은 당신과 실제적이고 개인적이며 지속적인 사랑의 관계를 추구하십니다.

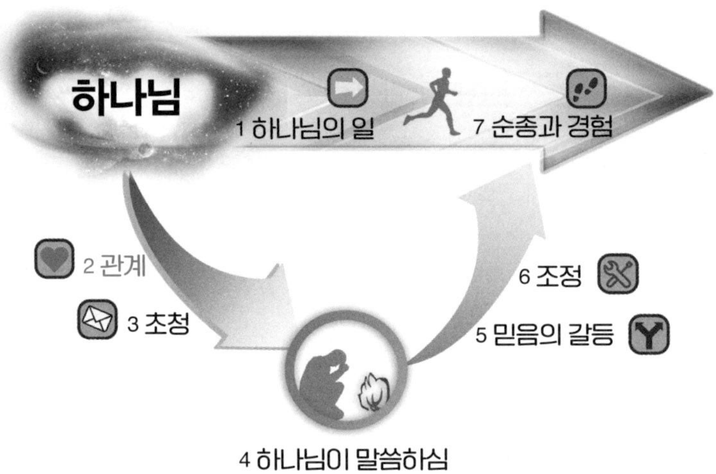

진정한 기독교는 단순히 종교가 아닙니다. 그것은 인격과의 관계입니다. 하나님은 그분과의 사랑의 관계를 위해 인간을 창조하셨습니다. 그 무엇보다 하나님은 우리가 우리의 전 존재를 통해 그분을 사랑하길 원하십니다(막 12:30). 그분은 우리와 사랑의 관계를 추구하시는 분이십니다. 우리는 본질적으로 스스로 하나님을 찾지 못합니다. 하나님을 경험하는 모든 것은 그분의 초청에 응답할 때 옵니다. 실제로 그분은 그분의 아들을 보내심으로 우리에게 극적으로 다가오셨습니다(요 3:16). 하나님께서 우리와의 관계를 세우시기 위해 예수님으로 하여금 십자가에서 처참하게 죽게 하셨을 때에 그분은 그분과의 사랑의 관계가 얼마나 소중한지를 분명히 보여주셨습니다(롬 5:8).

이처럼 하나님과 친밀한 사랑의 관계는 지극히 개인적이고 실제적입니다. 이것은 아마도 하나님의 뜻을 알고 행하는데 가장 중요한 요소일 것입니다. 만일 하나님과 당신의 사랑의 관계가 올바르지 않다면 다른 것들도 질서가 없을 것입니다.

하나님은 그분과의 개인적이고 역동적인 관계로 모세를 초대하실 때에 주도적으로 하셨습니다. 모세는 자신이 치고 있던 양떼를 하나님의 산, 호렙으로 이끌었습니다. 그는 자기 일에 바빴지만 하나님은 불타는 떨기나무에서 그를 만나심으로 모세의 계획을 중단시키셨습니다.

반복해서 하나님은 모세를 그분과의 대화의 자리로 초청하시고 함께하셨습니다. 하나님은 모세와의 관계를 주도하셨고 계속 성장하도록 도우셨습니다. 그 관계는 사랑에 근거했으며 하나님은 날마다 모세를 통해 그분의 목적들을 이루셨습니다. 하나님과의 이와 같은 관계는 하나님께서 자기 백성을 모세의 영도 아래 두시고 그를 통해 백성을 인도하시고 공급해 주셨기에 지극히 실제적이었습니다.

제1일

종교적 지식 이상의 것

너희가 성경에서 영생을 얻는 줄 생각하고 성경을 연구하거니와
이 성경이 곧 내게 대하여 증언하는 것이니라 그러나 너희가 영생을 얻기 위하여
내게 오기를 원하지 아니하는도다
요 5:39-40

당신에게 영생을 주는 것은 성경공부가 아닙니다. 당신은 성경전체를 암송하고 성경의 세미한 부분까지 학문적으로 토론할 수 있다 할지라도 여전히 그 말씀에서 발견되는 진리들을 경험하지 못할 수 있습니다. 성경의 저자이신 하나님보다 성경에 더 우선을 두는 것은 교묘한 유혹입니다. 그리고 성경이 당신의 죄를 직면케 하지는 않습니다. 성경의 저자께서 그렇게 하십니다. 책은 외면할 수 있습니다. 그러나 저자이신 하나님께서 당신과의 관계를 추구하실 때에 그분을 피하기는 훨씬 더 어렵습니다.

예수님 당시에 바리새인들은 하나님께서 그분의 말씀에 대해 가지고 있는 자기들의 지식을 기뻐하실 것이라고 생각했습니다. 그들은 장문의 복잡한 성경을 인용할 수 있었습니다. 그들은 하나님의 율법을 몇 시간 동안 끝까지 암송하고 공부하는 것을 사랑했습니다. 그러나 예수님께서는 그들을 정죄하셨습니다. 왜냐면 비록 그들이 성경을 알았지만 하나님을 몰랐기 때문입니다. 그들은 자기들의 성경 지식을 자랑했지만 하나님의 아들을 아는 초청은 거절했습니다.

하나님이 당신의 삶에서 행하시겠다고 약속하신 모든 것을 아는데도 당신은 다른 것을 좇는 것을 상상할 수 있습니까? 당신은 하나님과의 올바른 관계보다 다른 것으로 대체하려는 유혹을 받을지 모릅니다. 이런 대체물들은 그 자체가 반드시 나쁜 것은 아닙니다. 교회를 섬기는 것이나 선한 행위를 하는 것, 혹은 기독교 서적을 읽는 것이 여기에 해당됩니다.

그러나 기독교 활동을 아무리 많이 한다 할지라도 그것이 결코 예수님과 당신의 관계를 대신할 수는 없습니다. 사도 바울은 그리스도를 아는 지식의 고상함과 비교했을 때에 자신

이 한 모든 것을 '배설물'로 여겼습니다(빌 3:8). 예수 그리스도와 개인적으로 활기차게 성장하는 관계 대신에 종교적 활동을 하는 것으로 결코 만족해서는 안 됩니다.

당신은 지금까지 당신 주위의 모든 것을 변화시키는 그분의 말씀을 경험하는 대신에 단지 성경에 나온 예수님의 말씀을 읽기만 하지는 않았는지요? 예수님은 바리새인들이 생각한 성경에 관한 지식이 그들에게 생명을 줄 것이라는 그릇된 선입견 때문에 그들을 정죄하셨습니다. 그들은 그 말씀을 하신 인격을 경험하는 대신에 성경 말씀을 갖는 것으로 만족했습니다.

성경을 공부할 때에 당신이 읽고 있는 구절들을 통해 하나님께서 당신에게 뭔가 직접 말씀하시는 것을 감지할 수 있습니다. 시간을 내어 말씀하시고 우주를 창조하시는 하나님께서 지금 당신에게 말씀하고 계신다는 놀라운 현실을 생각해 보십시오. 만일 예수님께서 말씀하시고 죽은 자를 살리시고 폭풍을 잠재우시고 귀신을 쫓아내시며 불치병을 치유하실 수 있다면 그분이 하신 말씀 한 마디가 당신의 삶에 어떤 영향을 미치겠습니까? 다음부터 하나님의 말씀을 펼칠 때는 거룩한 기대감을 가지고 읽으십시오.

1. 1(=죽어 있거나 거의 존재하지 않는 상태)에서 10(=생명력이 있고 성장하는)의 점수로 환산했을 때에 당신은 자신과 하나님과의 관계를 몇 점으로 묘사하시겠습니까?

2. 어떤 종교적 활동이 하나님과 당신의 관계를 강화시키기보다는 당신의 영적인 부분에 집중하게 만드는 경향이 있습니까? 왜 당신은 자신을 산만하게 하는 그 특정한 훈련이나 활동을 붙잡습니까?

3. 하나님을 경험하고 그분과 당신의 관계를 강화시키기 위해 거룩한 기대감을 가지고 종교적인 (그리고 겉으로 보기에는 평범해 보이는) 활동들을 할 때에 어떤 것들을 활용할 수 있습니까?

4. 오늘 읽은 문장이나 성경 중에서 가장 의미심장한 것은 무엇이었습니까?

5. 그 문장이나 성경 구절을 하나님께 드리는 반응의 기도문으로 바꿔 보십시오.

6. 하나님은 당신이 무엇을 하길 원하십니까? 오늘의 학습과 연관지어 생각해보세요.

제2일

그리스도의 기쁨

지금 내가 아버지께로 가오니 내가 세상에서 이 말을 하옵는 것은 그들로 내 기쁨을 그들 안에 충만히 가지게 하려 함이니이다

요 17:13

그리스도인의 특징을 말하라고 한다면 그것은 기쁨입니다. 예수님은 제자들에게 그분의 기쁨이 그들 안에 완전하고 충만하다는 것을 여러 번 말씀하셨습니다. 그들은 자신들이 누구인지를 깨달았을 때에 기쁨으로 충만했습니다. 그들은 하나님의 자녀였고 그리스도와 함께하는 상속자였습니다(롬 8:15-17). 그들은 자기들의 죄로 인해 죽은 자들이었지만 이제 그리스도 안에서 산 자가 되었습니다(6:4). 그들은 이전에 무기력한 사망의 희생자였지만 이제는 사망이 그들을 지배할 수 없습니다(고전 15:55-57). 이처럼 그리스도와 함께 놀라운 구원을 경험하는 자들은 기뻐할 수밖에 없었습니다.

예수님을 따랐던 많은 사람들 중에 마리아가 주님의 발에 기름을 부었던 사건은 그리 놀라운 것이 아닙니다. 제자들도 동일한 사랑을 보일 기회들이 있었지만 교만심 때문에 그리할 수 없었습니다(요 13:1-17).

마르다도 일을 통해 섬기는 성향이 강해서 예수님과의 관계에서 마리아와 다른 방식의 관계를 형성했습니다. 마르다가 부엌에서 예수님을 위해 열심히 일하는 동안에 마리아는 예수님의 발치에 앉아서 기쁨으로 그분의 가르침을 들었습니다(눅 10:38-42). 마리아는 이런 식으로 예수님을 알고 사랑했기에 그녀는 자신을 낮추고 그분에게 가슴에 사무치는 사랑을 표현할 준비가 되어 있었습니다. 그처럼 깊고 진지한 사랑은 오직 예수님과 친밀한 교제의 시간을 보내야만 가능했습니다.

우리가 예수님에 대한 사랑을 표현하는 방법은 우리가 그분과 형성한 관계의 방식에 따라 다릅니다. 그분을 향한 우리의 사랑은 그분과 시간을 보내고 그분의 음성을 듣고 우리를

위한 그분의 사랑을 경험하지 않으면 성장하지 않습니다. 예수님을 향한 우리의 사랑이 식어지고 그분을 섬기는데 힘이 든다면 그것은 우리가 시간을 내어 그분의 발치에 앉아야 한다는 분명한 표식(sign)입니다. 우리는 주님을 위해 기독교 활동을 할 수 있지만 여전히 그분과 우리의 관계를 무시할 수 있습니다. 우리가 주님과 친밀한 교제 가운데 시간을 보내고 그분의 음성을 듣고 그분의 사랑을 받은 후에야 우리는 그분을 섬길 준비가 될 것이며, 그분이 원하시면 그분을 위해 심지어 우리의 생명을 내놓을 수 있을 것입니다.

하나님의 자녀로서의 생득권(birthright, 타고난 권리)을 스스로 부인하지 마십시오. 기쁨이 없는 삶에 만족하지 마십시오. 삶의 어떤 상황에서도 빼앗길 수 없는 깊고도 견고한 그리스도의 기쁨이 모든 그리스도인 안에 있어야 합니다. 이런 종류의 기쁨은 성령께서 당신의 삶 가운데 자신을 표현하실 수 있도록 당신이 허락할 때 생깁니다. 성령의 열매 중 하나가 기쁨입니다(갈 5:22). 이 기쁨은 세상이 주는 행복과 다릅니다. 그것은 당신을 채우고 당신이 하는 모든 일에 스며듭니다.

예수님은 그저 당신의 행복을 위해 기도하지 않으셨고 심지어 당신이 슬픔을 피하기 위해 기도하지 않으셨습니다. 예수님은 당신이 아버지 하나님이 그분에게 주신 바로 그 기쁨을 소유하도록 기도하셨습니다. 그것은 아버지 하나님과 맺은 깊고 요동함이 없는 관계에서 오는 거룩한 기쁨입니다.

이 기쁨은 하나님과의 관계에 그 뿌리를 깊이 내리고 있어서 어떤 상황에서도 흔들릴 수 없습니다. 이것이 바로 그리스도께서 당신 안에 있도록 지금도 기도하고 계시는 바로 그런 종류의 기쁨입니다.

1. 오늘의 묵상을 위해 읽어야 할 내용을 읽기 전에 먼저 당신은 그리스도인의 생활을 설명하기 위해 어떤 단어를 사용하겠습니까? 그리고 그 이유는 무엇입니까?

2. 그리스도의 기쁨으로 충만했던 때를 설명해 보십시오.

3. 하나님과 당신의 관계를 발전시키기 위해 당신은 어떻게 의도적으로 시간을 보내시겠습니까?

4. 오늘 읽은 문장이나 성경 중에서 가장 의미심장한 것은 무엇이었습니까?

5. 그 문장이나 성경 구절을 하나님께 드리는 반응의 기도문으로 바꿔 보십시오.

6. 하나님은 당신이 무엇을 하길 원하십니까? 오늘의 학습과 연관지어 생각해보세요.

제3일

당신의 하늘 아버지

또 이르시되 그러므로 전에 너희에게 말하기를
내 아버지께서 오게 하여 주지 아니하시면
누구든지 내게 올 수 없다 하였노라 하시니라
요 6:65

예수님은 하나님을 아버지라 자주 부르셨습니다. *아버지*란 말을 들을 때에 모든 사람마다 다른 이미지를 떠올립니다. 어떤 이들은 사랑, 웃음, 존경과 너그러움의 이미지를 생각합니다. 불행하게도 어떤 사람들은 아버지란 말을 들을 때에 두려움, 거절과 실망이 연상됩니다. 이처럼 다양한 이미지를 갖고 있기 때문에 하늘 아버지를 당신의 경험에 비춰 생각하면 이해가 되질 않습니다. 이것은 너무 중요합니다. 이제 그 이미지를 성경에서 살펴봅시다. 당신에게는 분명 불완전한 땅의 아버지가 있었습니다. 아마 심지어 그는 당신에게 해를 입혔을지도 모릅니다. 그러나 그리스도인의 삶의 모든 차원에 있어서 목표는 당신의 경험에 근거하여 성경을 이해하는 것이 아니라 성경의 빛 가운데 당신의 경험을 이해하는 것입니다. 하나님은 가장 참된 의미에서 당신에게 아버지의 모델이 되십니다.

당신의 하늘 아버지는 당신을 구원하기 위해 어떤 대가도 기꺼이 치르려 하셨습니다(롬 8:32). 당신의 하늘 아버지는 언제나 당신의 필요를 채우실 준비가 되어 있으십니다(눅 11:11-13). 당신의 하늘 아버지는 당신을 너무도 사랑하셔서 그리스도인으로서 성숙하도록 달게 책망하십니다(잠 3:11-12; 히 12:5-10). 당신이 그분에게 반항하고 그분의 사랑을 거절할 때에도 당신의 아버지께서는 계속해서 당신에게 가장 선하게 행하십니다(롬 5:8). 그분은 조건적으로 당신을 사랑하지 않으십니다. 그분은 당신이 그분을 사랑하지 않아도 당신을 사랑하십니다(요일 4:19). 그분은 당신을 상속자로 삼으셨고 당신을 위한 집을 하늘에 간직하고 계십니다(요 14:2-3; 롬 8:15-17).

이와 같은 진리들은 아버지 하나님의 모습이 어떤지를 성경적으로 보여줍니다. 만일 당신이 이런 것을 경험하지 못했다면 지금 경험할 수 있습니다. 당신을 양자로 삼으시고 당신이 한 번도 경험해 보지 못한 방식으로 당신을 사랑하고 싶어 하시는 분이 계십니다.

예수님의 지상사역을 통해 그분은 군중을 살피시고 아버지 하나님이 보내신 자들에게 집중하셨습니다. 예수님은 죄 때문에 그 어느 누구도 하나님을 스스로 찾을 수 없다는 것을 아셨습니다. 죄인인 인간은 하나님에게 다가가기 보다는 그분에게서 숨는 성향이 있습니다(창 3:8; 시 14:1-3). 그러므로 예수님께서는 아버지 하나님이 어떤 사람을 자신에게 이끄시는 것을 볼 때마다 즉시 그 사람과 관계를 맺기 시작하셨습니다.

예수님은 멸시받는 삭개오가 자신이 지나가는 것을 보기 위해 어떻게 했는지를 자세히 살피셨습니다. 이에 반응하여 예수님은 즉시 군중을 떠나 아버지 하나님께서 분명하게 일하고 계신 이 사람과 시간을 보내셨습니다(눅 19:1-10). 마찬가지로 제자들이 하나님의 진리에 대해 새로운 통찰을 경험할 때마다 예수님은 아버지 하나님께서 그들의 삶 가운데서 역사하시는 것을 아셨습니다(마 16:17).

군중이 예수님 주변에 몰려들었을 때에 주님은 사람들이 이해하기 어려운 진리들을 말씀하셨습니다(요 6:60). 그분의 말씀이 너무 도전적이어서 말씀을 들은 자들 중에 많은 이들이 떠났지만 예수님은 실망하지 않으셨습니다. 그분은 아버지 하나님께서 제자들의 삶 가운데 역사하시는 것을 보셨습니다. 그리고 예수님은 바로 그곳에 시간을 투자하셨습니다. 당신이 예수님과 단 둘이 시간을 보내고 싶을 때에 그 갈망은 아버지 하나님께서 당신을 그분의 아들에게로 이끄시는 것임을 깨달으십시오. 당신이 하나님과 묵상의 시간을 가지려 한 것은 하나님을 경험하기 위해 그런 것이 아니라 이미 그분이 당신의 마음과 삶에서 일하고 계심을 당신이 감지했기 때문입니다. 당신이 성경을 읽고 기도할 때에 하나님이 당신의 반응을 존중히 여기며 자신에 대해 더 많은 것을 가르쳐주심으로 인도하신다는 것을 신뢰하십시오.

1. *아버지*란 단어를 통해 당신은 하나님의 성품을 얼마나 더 잘 이해했습니까? 그리고 그분과의 관계에서 이것이 의미하는 바가 무엇인지 얼마나 잘 이해했습니까?

2. 하늘 아버지께서 당신의 마음을 예수님께로 이끄시는 것을 어떻게 경험했습니까?

3. 오늘 읽은 문장이나 성경 중에서 가장 의미심장한 것은 무엇이었습니까?

4. 그 문장이나 성경 구절을 하나님께 드리는 반응의 기도문으로 바꿔 보십시오.

5. 하나님은 당신이 무엇을 하길 원하십니까? 오늘의 학습과 연관지어 생각해보세요.

제4일

하나님의 끈질긴 사랑

하나님이 우리를 사랑하시는 사랑을 우리가 알고 믿었노니 하나님은 사랑이시라
사랑 안에 거하는 자는 하나님 안에 거하고 하나님도 그의 안에 거하시느니라
요일 4:16

성경 전체에서 가장 위대한 진리는 하나님은 사랑이시라는 사실입니다. 이 진리를 온전히 이해하면 당신은 자유를 얻고 그리스도인으로서 당신이 소유한 모든 것을 즐거워할 것입니다. 그런데 당신은 하나님께서 당신을 사랑하신다는 것을 받아들여야만 합니다. 만일 가정에서 무조건적인 사랑을 경험하며 자랐다면 당신은 이 진리를 받아들이기가 어렵지 않을 것입니다. 하나님은 당신을 사랑하시는데 이는 당신이 그분의 사랑을 받을만한 자격이 있어서가 아니라 그분의 성품이 사랑이시기 때문입니다. 그분은 당신과 관계를 맺을 때에 오직 사랑 안에서 맺으십니다. 당신을 향한 그분의 사랑은 그 어느 것도 약화시킬 수 없는 내재적인 가치로 당신에게 주어집니다.

어느 인생도 하나님의 자녀들을 향한 그분의 사랑을 이해할 수 없습니다. 우리의 제한된 인간적인 사랑의 경험이 우리를 향하신 하나님의 무조건적인 사랑을 이해하는데 방해가 됩니다. 우리는 호세아의 삶에서 이 사랑의 그림을 볼 수 있습니다.

호세아는 의인이었지만 하나님은 그에게 죄 많은 여인과 결혼하라고 말씀하셨습니다. 호세아는 순종하여 고멜을 자기 아내로 삼습니다. 그는 아내를 사랑하고 존중하는 마음으로 소중하게 대했습니다. 고멜은 이런 사랑을 이전에 한 번도 받아본 적이 없었습니다. 그러나 그녀는 얼마 안 되어 이에 만족하지 못했습니다. 그녀는 다른 남자들에게 애정을 주기 시작했습니다.

고멜은 음행에 너무 깊이 관련되어 결국 호세아를 완전히 버립니다. 다른 남자들은 고멜을 이용했고 결국 그녀는 줄 것이 하나도 없게 되었습니다. 그러자 그들은 그녀를 노예로

팔아버립니다. 이 일 후에 하나님은 호세아에게 놀라운 명령을 하십니다. "가서 그녀를 다시 사오라"(저자 의역, 호세아 3:1-2). 고멜이 호세아에 준 고통이 너무 깊고 아팠지만 하나님은 그녀를 용서하고 모든 값을 지불하고 그녀를 다시 집으로 데려오라고 그에게 말씀하셨습니다.

하나님의 메시지는 분명합니다. 즉 우리가 그분을 거절하고 다른 곳에 마음을 줄 때에 우리의 거절에는 음행의 배신과 같은 아픔이 담겨 있다는 것입니다. 하나님이 이처럼 놀라운 일을 우리를 위해 행하셨는데 우리가 그분을 거절한다는 것은 이해할 수 없는 일입니다. 우리가 하나님을 거절하고 무시하고 불순종했음에도 불구하고 여전히 하나님이 우리를 사랑하실 수 있다는 사실은 이해하기가 더욱 어렵습니다. 그러나 하나님의 사랑은 우리의 사랑과 완전히 다릅니다. 그분의 사랑은 우리 죄의 깊이만큼 찾아오셔서 우리를 되찾으십니다. 그분의 사랑은 우리가 그분에게서 도망쳐도 요동함이 없습니다. 그리고 그분은 계속해서 우리를 좇으십니다. 그분은 얼마나 놀라운 사랑을 우리에게 보여주시는지요!

만일 하나님이 당신을 사랑하신다는 이 진리를 수용하지 못하면 당신은 그분과 관계를 맺는 방식에 제한을 받을 것입니다. 그분께서 당신을 책망하실 때에 당신은 그것을 사랑의 표현으로 받지 못할 것입니다. 오히려 그분에 대해 분하게 여길 것입니다. 하나님이 보시기에 최선에 못 미치는 것을 당신이 요구하여 안 된다고 말씀하실 때, 당신은 하나님께서 당신을 돌보지 않는다는 결론을 내릴 것입니다. 하나님께서 당신을 사랑하시고 받아주셨다는 것을 분명하게 이해하지 못하면 당신은 그분을 왜곡하고 그분이 당신의 삶에서 하시고자 하는 일을 왜곡할 것입니다. 그럼에도 당신은 다른 사람들뿐만 아니라 하나님에게도 사랑으로 반응할 수 있습니다(요일 4:19).

당신은 하나님께서 너무나 사랑하신다는 사실을 깨닫고 그 안에서 오는 깊은 안정감과 기쁨을 경험하고 계십니까? 당신을 향한 하나님의 사랑을 확신할 때에 당신은 자유를 얻고 그분이 매일 당신에게 부어주시는 수많은 사랑의 표현들을 누리게 될 것입니다.

1. 하나님께서 당신을 사랑하신다는 사실을 받아들이기에 가장 어려운 시간은 언제였습니까? 하나님께 사랑받고 있다는 느낌을 갖기가 왜 어렵습니까? 언제 그분이 당신을 사랑하신다는 사실을 믿기가 가장 쉽습니까?

2. 당신의 인생에서 고멜처럼 불신앙 속에 은혜를 잊고 방황한 시절을 설명해 보십시오.

3. 하나님께서 끈질기게 사랑으로 붙잡아주시는 것을 깨닫게 하는 호세아의 예를 보면서 하나님에 대한 당신의 관점이 어떻게 변화되었습니까? 당신 자신에 대한 관점은 또한 어떻게 변화되었습니까? 그분과의 관계는 어떻게 변화되었습니까?

4. 오늘 읽은 문장이나 성경 중에서 가장 의미심장한 것은 무엇이었습니까?

5. 그 문장이나 성경 구절을 하나님께 드리는 반응의 기도문으로 바꿔 보십시오.

6. 하나님은 당신이 무엇을 하길 원하십니까? 오늘의 학습과 연관지어 생각해보세요.

제5일

독특하게 그리고 개인적으로 대하시는 하나님

예수께서 그 곳에 이르사 쳐다보시고 이르시되 삭개오야 속히 내려오라
내가 오늘 네 집에 유하여야 하겠다 하시니
눅 19:5

이 광대한 세상에서 우리는 군중 가운데 무의미한 점 하나에 불과하다는 느낌을 갖기 쉽습니다. 우리는 하나님께서 우리를 아시는지 아니면 우리가 그분을 정말 알 수 있는지 의아하게 생각할지 모릅니다. 세상은 우리를 비인격화하고 다른 모든 사람들과 같이 일반화하려는 경향이 있습니다. 그러나 하나님은 특별하고 독특한 방식으로 우리를 사랑하십니다.

예수님은 십자가의 사명을 이루시기 위해 예루살렘으로 가시는 중이었습니다. 너무나 많은 군중이 그분 주위로 몰려들어서 키가 작은 삭개오는 예수님을 볼 수 없기에 급기야 나무에 올랐습니다. 삭개오는 단지 위대한 스승을 보는 것만으로도 만족하려 했습니다. 그런데 예수님은 가던 길을 멈춰서 뒤를 돌아 삭개오를 응시하셨습니다. 그 순간에 삭개오는 자기 주변에 있던 군중을 잊었습니다. 그런 뒤에 예수님과의 특별한 시간이 시작되었으며 이로 인해 그의 삶은 혁신적으로 변화되었습니다(눅 19:1-10).

예수님은 당신과 독특한 방식으로 관계를 맺으십니다. 그분은 당신의 과거를 아십니다. 그분은 미래에 당신에게 닥칠 일을 아십니다. 그분은 당신에 대해 모든 것을 아시기 때문에 당신에게 하시는 그분의 말씀은 당신의 삶의 정황과 너무나 잘 맞습니다. 그분은 당신을 아시고 또한 당신이 그분을 알길 원하십니다.

따라서 당신은 예수님이 원하시는 것이 무엇인지 의아해 할 필요가 없습니다. 만일 당신이 날마다 주님과 동행한다면 하나님의 뜻을 찾으려 애쓸 필요가 없습니다. 당신은 이미 그

분의 뜻 안에 있습니다. 날마다 순종하며 그분과 동행한다면 당신은 언제나 그분의 뜻 안에 있을 것입니다. 매일 하나님과 가까이 동행하면 당신은 그분이 원하시는 곳에 정확히 있게 될 것입니다. 당신이 성령께서 행하시는 모든 것을 거절한다면 그것은 하나님의 뜻에서 벗어나는 것이 될 것입니다.

제자들은 예수님에게 다음 행선지가 어디인지 한 번도 물어볼 필요가 없었습니다. 그들은 예수님이 가시는 곳을 보고 그분이 계신 곳에 함께 있기만 하면 되었습니다. 예수님은 그들의 길(the Way)이셨습니다(요 14:6). 그들에게 예수님이 계시는 한 그들은 지도가 필요 없었습니다. 우리는 길 되신 주님과의 관계를 맺기 보다는 우리 미래의 청사진을 갖길 더 좋아할 때가 많습니다. 관계를 키우는 것보다 어떤 계획을 따르는 것이 더 쉬워 보일 때가 많습니다.

우리는 오늘 하나님과 친밀하게 동행하는 것보다 우리 미래에 더 관심이 많을 수 있습니다. 그러나 예수님은 결코 그분을 대신하는 대체물을 당신에게 주시지 않을 것입니다. 그분만이 아버지 하나님께로 가는 유일한 길이십니다. 그래서 하나님이 말씀하시는 때를 분명히 아는 것이 중요합니다(사 30:21). 만일 하나님이 당신에게 어떻게 말씀하시는지를 모른다면 지금 그분이 당신을 위해 하고 계시는 일에 대한 새로운 계시를 주실 때에 이해하지 못할 것입니다. 하나님의 뜻을 알고 싶다면 시간을 내어 예수님과의 관계를 개선하시고 그분의 음성을 분별하여 듣는 법을 배우십시오. 그분은 당신에게 그 길을 기꺼이 보여주고 싶어 하십니다.

1. 오직 예수님만 아시는 당신의 두려움은 무엇입니까?

2. 하나님께서 전지전능하시다는 것을 아는 것이 왜 중요합니까? 그분께서 개인적으로 당신을 보살피신다는 사실을 아는 것이 왜 또한 중요합니까?

3. 당신의 미래가 어떨지 알고 싶은 것과 어떻게 하면 하나님을 더 많이 신뢰할 수 있는지를 알고 싶어 하는 것 중에 솔직히 당신은 어느 것을 더 원하십니까?

4. 오늘 읽은 문장이나 성경 중에서 가장 의미심장한 것은 무엇이었습니까?

5. 그 문장이나 성경 구절을 하나님께 드리는 반응의 기도문으로 바꿔 보십시오.

6. 하나님은 당신이 무엇을 하길 원하십니까? 오늘의 학습과 연관지어 생각해보세요.

지금 나는 하나님을 어떻게 경험하고 있는가?

본 여백을 이용하여 하나님을 경험하는 삶에 대한 일지를 쓰십시오.
특별히 '하나님은 당신과 실제적이고, 개인적이며, 지속적인 사랑의 관계를 추구하십니다'
라는 실체 2를 가지고 쓰십시오.

그룹 세션– 실체2

하나님은 당신과 실제적이고, 개인적이며, 지속적인 사랑의 관계를 추구하십니다.

시작하기

복습과 기도로 시작하십시오. 지난주에 출애굽기 1-2장을 공부하면서 토론한 진리들을 요약해달라고 자원자에게 부탁하십시오.

그룹원 각 사람을 향하신 하나님 사랑의 실제적이고 개인적인 본질에 대해 모든 사람의 마음과 생각이 열리도록 하나님께 간구하십시오.

읽기와 반응하기

성경본문과 실체 2 공부로 들어가십시오. 출애굽기 3장 1-6절을 소리 내어 읽으십시오.

출애굽기 3장 1-6절에 나오는 실체 2의 예들을 토론하기 위해 다음 질문들을 사용하십시오. (필요하다면 39페이지의 실체 2에 대한 개론을 참조하십시오)

1. 이 본문에서 누가 누구를 추적하고 있습니까? 당신의 답을 가지고 설명하십시오.

2. 주님께서 모세에게 나타나셨을 때에 그는 무엇을 하고 있었습니까? (1절) 왜 이것이 하나님과의 관계를 이해하는데 중요한 단서가 됩니까?

3. 하나님은 자신을 모세에게 어떻게 소개하셨습니까? (6절)

4. 6절에 나오는 족보는 하나님과의 사랑의 관계의 지속성에 대해 어떤 예를 보여줍니까?

5. 이 본문에서 하나님은 실제적이면서 동시에 개인적인 분이라는 사실을 보여주는 다른 증거는 무엇입니까?

6. 모세는 하나님의 임재에 대해 어떻게 반응했습니까? (3-6절에 나오는 각각의 행동을 주의해 보십시오)

7. 하나님과 관계를 맺을 때에 모세는 올바른 반응의 모범을 어떻게 보여주었습니까?

복습하기

실체 2에 대해 매일 읽은 글들의 주제들과 연관 지어 개인적 차원에서 토론을 계속하십시오. (이 질문들을 가이드로 삼되 매일 읽은 글들에 대한 반응으로 취한 어떤 행동들이나 의미 있는 문장들에 대해 자유롭게 토론하십시오)

제1일

8. 1(=죽어 있거나 거의 존재하지 않는 상태)에서 10(=생명력이 있고 성장하는)의 점수로 환산했을 때에 당신은 자신과 하나님과의 관계를 몇 점으로 묘사하시겠습니까?

9. 하나님과 관계를 성장시키는데 당신의 집중력을 산만케 하는 것은 무엇입니까?

10. 하나님을 경험하고 그분과 당신의 관계를 강화시킬 목적으로 거룩한 기대감을 가지고 살기 위해 당신은 자신을 어떻게 일깨우고 있습니까?

제2일

11. 이 주간의 공부를 시작하기 전에 그리스도인의 삶을 설명한다면 당신은 어떤 단어를 사용하시겠습니까?

12. 실제 2와 모세의 삶을 공부한 후에 하나님과의 관계 안에서 당신의 삶에 대한 관점이 어떻게 바뀌었습니까?

제3일

13. *아버지*란 단어를 통해 당신은 하나님의 성품을 얼마나 더 잘 이해했습니까? 그리고 그분과의 관계에서 이것이 의미하는 바가 무엇인지에 대해서 얼마나 잘 이해했습니까?

14. 하늘 아버지께서 당신의 마음을 예수님께로 이끄시는 것을 어떻게 경험했습니까?

제4일

15. 하나님께서 당신을 사랑하신다는 사실을 받아들이기에 가장 어려운 시간은 언제였습니까? 하나님께 사랑받고 있다는 느낌을 갖기가 왜 어렵습니까? 언제 그분이 당신을 사랑하신다는 사실을 믿기가 가장 쉽습니까?

제5일

16. 하나님께서 전지전능하시다는 것을 아는 것이 왜 중요합니까?
    그분께서 개인적으로 당신을 보살피신다는 사실을 아는 것이 왜 또한 중요합니까?

17. 하나님과 당신의 개인적인 관계에 있어서 이번 주에 당신은 어떤 격려를 받았습니까?

하나님을 경험하는 삶의 간증들

이 기회를 이용해 당신이 하나님을 경험한 방식들을 나누십시오.

18. 지난 주간에 당신은 하나님을 어떻게 경험했습니까?

19. 하나님께서 당신과 실제적이고, 개인적이며, 지속적인 사랑의 관계를 추구하시면서 언제 어떻게 당신의 삶에 개입하셨습니까?

마무리하기

다음의 마지막 생각을 읽고 기도로 본 세션을 마치십시오.

하나님과의 사랑의 관계는 지극히 개인적이며 동시에 실제적입니다.
아마도 이것은 하나님의 뜻을 알고 행하는데 있어서
가장 중요한 요소일 것 같습니다. 만일 하나님과 당신의 사랑의 관계가
마땅히 그래야 할 정도로 확실하지 않다면 모든 것에 질서가 없을 것입니다.
당신이 예수 그리스도를 통해 하나님과
바른 관계 가운데 있는 것은 정말 중요합니다.

다음 주에 우리는 "하나님은 그분의 일에 참여하도록 당신을 초청하신다"는
실체 3을 논의할 것입니다.

실체 3
초청

하나님은 그분의 일에 참여하도록 당신을 초청하십니다.

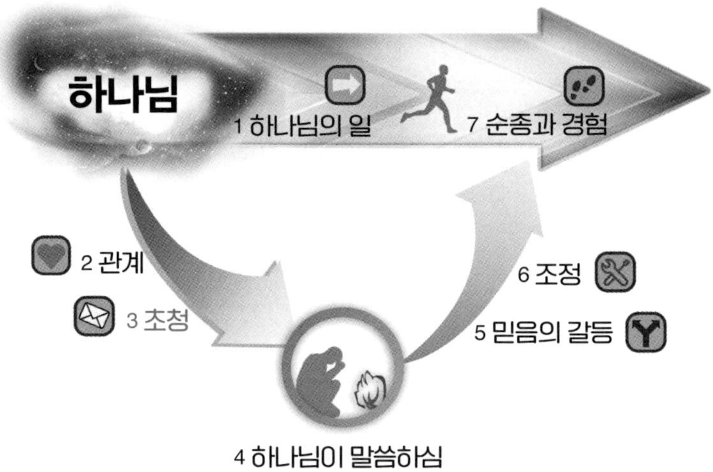

하나님은 우주의 주권자이시며 통치자이십니다. 그분은 역사를 통해 자신의 목적들을 이루시기 위해 일해 오셨습니다. 그분은 당신에게 그분을 위해 꿈을 꾸길 요청하지 않으십니다. 그분은 그분을 위해 최선을 다하고 열심을 다해 일할 것을 요구하지 않으십니다. 그분이 당신을 초청하신 것은 당신이 위대한 목표들을 설정하고 그것들을 달성하기 위해 그분에게 도움을 청하는 기도를 하도록 하기 위함이 아닙니다.

하나님께서 당신에게 다가오실 때에 그분은 이미 그분 자신의 하실 일이 있습니다. 다음 두 가지 진리를 마음속에 깊이 새기십시오. 모든 만물을 창조하신 무한히 지혜로우신 주 하나님은 이미 계획을 가지고 계십니다. 왕 중 왕이신 전능자께서 당신에게 다가오십니다. 그분은 개인적으로 그분의 피조물인 당신과 접촉하여 그분의 일에 동참시키시기로 결정하셨습니다.

그분의 갈망은 당신을 지금 있는 곳에서 그분이 일하시는 곳으로 옮기시는 것입니다. 그분은 자기중심에서 하나님 중심의 삶으로 당신을 인도하십니다. 하나님께서 그분이 지금 일하고 계신 곳을 당신에게 계시하실 때에 그것은 그분이 자신이 하시는 일에 동참하도록 당신을 초청하시는 것입니다. 하나님께서 그분의 일을 당신에게 계시하실 때는 그분께 응답해야 할 때입니다.

모세의 이야기에서 하나님의 목적은 이스라엘을 애굽의 종살이에서 구원하여 그들 자신의 땅에 한 나라로 세우는 것이었습니다. 모세는 하나님께서 그분의 계획을 성취하기 위해 정하신 그릇이었습니다. 하나님은 모세를 초청하셔서 그분이 하시는 일에 참여케 하셨습니다.

만일 하나님께서 모세를 초청하지 않으셨다면 모세는 결코 이런 것을 마음에 생각하지 못했을 것입니다. 그러나 모세는 갑작스레 하나님께서 오래 전부터 준비하셨던 일에 동참하도록 부르심을 받았습니다.

제1일

청결한 마음

이스라엘 족속아 이 토기장이가 하는 것 같이 내가 능히 너희에게 행하지 못하겠느냐
이스라엘 족속아 진흙이 토기장이의 손에 있음 같이 너희가 내 손에 있느니라
렘 18:6

하나님은 당신의 가족, 친구들, 지역사회, 그리고 세상을 구원하는 방법을 아십니다. 따라서 그분은 자신의 거룩한 일을 하는데 필요한 사람들을 그분의 도구로 만들길 허락하는 자들을 찾으십니다. 진흙은 자기의 계획도, 섬기려는 갈망도 주어진 임무를 행하길 주저하는 마음도 없습니다. 그것은 그저 진흙에 지나지 않으며 자기 주인의 뜻에 따라 모양을 내며, 빚어지고 그에게 완전히 순복합니다.

때로 우리는 흥분된 어조로 "저는 저의 힘과 재능을 알아냈습니다. 이제 저는 어떻게 하면 최선의 것으로 주님을 섬길 수 있는지 알았습니다"라고 하나님께 선언합니다. 어떤 때는 그분에게 다음처럼 알려드립니다. "저는 저의 약점들이 뭔지 알았습니다. 그래서 저는 주님을 위해 할 수 없는 일들이 뭔지 압니다." 그러나 그러한 결론들은 진흙의 성품에 맞지 않습니다. 하나님은 우리의 힘으로 일하는 것에 제한을 받지 않으십니다(고후 12:9-10). 그분은 그분이 원하시는 대로 우리를 빚으실 수 있습니다. 하나님의 임무가 겸손을 요한다면 그분은 기꺼이 자신을 낮출 종을 찾으십니다. 그분의 일이 열정을 요한다면 그분은 그분의 성령으로 충만케 하실 수 있는 자를 찾으십니다. 하나님은 거룩한 그릇을 사용하시기 때문에 그분은 자신의 더러움을 제하도록 하나님께 자신을 내어드리는 자들을 찾으십니다.

하나님을 보려면 청결한 마음이 필요합니다(마 5:8). 당신은 교회 예배에 출석하고 성경을 읽고 기도할 수 있습니다. 하지만 죄가 당신 마음에 가득하다면 하나님을 보지 못할 것입니다. 이사야의 예를 들어 봅시다. 그는 유다 왕인 웃시야 왕의 죽음을 염려했지만 그의 하늘의 왕에 대해서는 갈피를 못잡았습니다. 그러자 이사야의 삶을 영원히 변화시킬 사건

이 일어났습니다.

하나님은 그분의 위엄 가운데 성전에서 천사들에게 둘러싸여 이사야에게 나타나셨습니다. 하나님의 임재 가운데 이사야는 즉시 자신의 죄를 깨달았습니다. 곧이어 이사야는 이전에 한 번도 들어보지 못한 것들을 듣기 시작했습니다. 그리고 이사야는 백성들에게 하나님의 메시지를 전할 합당한 사람이 누구인지 하늘에서 대화를 하시는 것을 알아차렸습니다. 이에 대해 이사야는 즉시 응답했습니다. "내가 여기 있나이다. 나를 보내소서!"(사 6:8).

하나님께서 이사야를 정결케 하시자 그는 하늘의 관심사를 깨닫고 하나님을 섬기기 위해 자신을 드릴 준비가 되었습니다. 이사야는 땅의 일에 매여 있지만 이제 그는 오직 하나님의 일에 관심을 두게 되었습니다.

만일 당신이 하나님과 그분의 일에 동떨어져 있다면 그분의 정결케 하심을 경험해야 합니다. 깨끗함을 받으면 하나님을 보고 그 음성을 들을 준비가 됩니다. 이를 통해 당신은 그분을 섬길 수 있습니다. 오직 하나님만이 당신의 마음을 정결케 하실 수 있습니다. 하나님께서 당신과 그분의 관계를 방해하는 모든 더러움을 제거하시도록 허락하십시오. 그러면 그분을 향한 당신의 섬김이 의미가 있을 것입니다. 왜냐면 당신은 그분이 기뻐하시는 대로 행하는 그분 손 안의 진흙으로 자신을 드리기 때문입니다.

진흙이 되는 것은 고상한 일이 아닙니다. 거기에는 어떤 위대함도, 자랑할 것도 없고 오직 전능하신 하나님이 구하시는 것만 있습니다. 그것은 순응하며 순복하는 진흙입니다.

만일 당신에게 당신이 할 수 있는 것과 할 수 없는 것을 아버지 하나님께 말씀드리는 경향이 있다면 그분의 일에 자신을 순복시키고 그분께서 원하시는 사람으로 빚어 가시도록 허락하십시오. 진흙처럼 말입니다.

1. 하나님께서 당신이 예수님을 더 닮도록 일하실 때에 당신은 그 일을 깨닫습니까? 하나님께서 당신을 온전히 빚을 수 있도록 당신의 마음에서 어떤 불순물을 제거해야 합니까?

2. 당신은 주위 사람들의 삶에서 하나님께서 어떻게 일하시길 원하십니까?
하나님은 그분의 거룩하신 일을 위한 도구로 당신을 어떻게 빚으실 수 있을까요?

3. 당신 자신의 계획보다 당신의 삶에 대한 하나님의 계획을 신뢰하는 것이 얼마나 더 나은가요? 당신의 삶 속에서 하나님께서 사랑하시는 일에 어떻게 순복하겠습니까?

4. 오늘 읽은 문장이나 성경 중에서 가장 의미심장한 것은 무엇이었습니까?

5. 그 문장이나 성경 구절을 하나님께 드리는 반응의 기도문으로 바꿔 보십시오.

6. 하나님은 당신이 무엇을 하길 원하십니까? 오늘의 학습과 연관지어 생각해보세요.

제2일

하나님, 우리 가운데 통치하소서

나라가 임하시오며 뜻이 하늘에서
이룬 것 같이 땅에서도 이루어지이다
마 6:10

하늘에서는 오직 하나님의 뜻만이 가장 중요합니다. 하나님이 하신 말씀을 천사들은 즉시 그리고 의심 없이 실행합니다. 예수님은 하나님께서 동일한 방식으로 그분의 뜻을 이 세상에서 이루시길 기도하라고 우리에게 명하셨습니다. 이것은 하나님의 목적이 우리 가정, 직장, 학교, 교회 그리고 정부에서 가장 중요하다는 것을 의미합니다.

예수님은 제자들에게 그들 주변의 세상에서 하나님의 목적들이 이뤄지도록 기도하라고 가르치셨습니다. 예수님은 그들이 어떻게 기도해야 할지 모델을 제시하시면서 예수님은 제자들에게 그들의 마음을 하나님의 마음과 일치시키는 법을 가르쳐주셨습니다.

예수님은 이러한 갈망을 겟세마네에서도 보여주셨습니다. 그때에 주님은 "그러나 나의 원대로 마시옵고 아버지의 원대로 하옵소서"라고 기도하셨습니다(마 26:39). 우리가 이 땅에서 하나님의 나라를 구할 때에 우리의 마음이 하늘 아버지의 마음과 동일하게 됩니다.

하나님과 더욱 친밀한 시간을 보내고 그분께서 당신의 상황을 그분의 관점으로 보여주시도록 허락하면 당신은 하나님께서 보시는 방식대로 상황을 보기 시작할 것입니다. 당신이 자신을 하나님께 조정하면 당신의 마음은 하나님이 갈망하시는 바로 그것을 갈망하게 될 것입니다. 당신이 기도할 때에 당신 스스로 하나님이 갈망하시는 바로 그것을 구하고 있음을 발견하게 될 것입니다(시 37:4). 하나님의 마음에 가장 중요한 것이 당신 마음에도 가장 중요할 것입니다. 당신이 기도 가운데 가장 먼저 구하는 것이 당신 자신을 위한 것이 아니라 하나님의 이름이 높임을 받으시고 그분의 나라가 확장되는 것이 될 것입니다(마 6:9-10).

당신은 먼저 하나님의 마음에 있는 것이 무엇인지 이해하고 찾기보다는 당신 마음에 원하는 것들을 달라고 지금까지 구하지 않았습니까? 하나님은 이처럼 중요한 요구사항을 그분의 자녀들의 기도 가운데 두십니다. 즉 그것은 우리가 그분의 우선순위를 구하고 그것을 우리의 것으로 삼는 것입니다. 이처럼 위대한 조건을 달 때에 우리는 이기심으로 구하는 것을 막을 수 있습니다. 우리가 주님을 기뻐할 때에 참으로 무엇이 중요한지를 알게 되고 아버지 하나님이 갈망하시는 것처럼 우리도 이런 것들을 갈망하게 될 것입니다.

우리는 하나님의 갈망과 일치하여 믿음으로 기도할 때에 하나님의 동역자가 됩니다. 당신이 주님의 뜻을 구하면 그분은 당신의 기도를 인도하실 것입니다. 그분은 당신을 기도의 자리로 초청할 뿐만 아니라 기도의 응답으로서 그분의 일에 참여시키실 것입니다. 만일 그분이 개인의 구원을 위해 기도하라는 부담을 당신에게 주신다면 그 부담은 또한 그 사람의 삶에서 일하시는 하나님의 역사에 동참하라는 초청입니다.

기도를 통해 당신은 하나님이 이 땅에 그분의 뜻을 이루시는데 쓰임받는 종으로 준비됩니다. 이 땅에서 주님의 절대적인 통치가 당신의 삶에서 시작되도록 기도하십시오. 그런 뒤에 하나님께서 그분의 주되심을 다른 사람들에게 보이는데 있어서 어떻게 당신을 사용하시는지 살펴보십시오.

1. 누군가가 당신의 시간과 수고, 모든 공을 들이는 삶 – 당신의 말, 활동, 반응 –을 세밀히 관찰하고 살핀다면 그들은 당신에게 가장 중요한 것이 무엇이라고 결론을 내릴까요?

2. 당신의 삶을 지배하는 생각은 무엇입니까?

3. 하나님의 뜻과 관련하여 당신의 우선순위와 생각들은 무엇을 드러냅니까?

4. 현재 상황에서 하나님의 마음과 당신의 관점과 갈망을 재조정해야 할 것은 무엇입니까?

5. 오늘 읽은 문장이나 성경 중에서 가장 의미심장한 것은 무엇이었습니까?

6. 그 문장이나 성경 구절을 하나님께 드리는 반응의 기도문으로 바꿔 보십시오.

7. 하나님은 당신이 무엇을 하길 원하십니까? 오늘의 학습과 연관지어 생각해보세요.

제3일

진리는 경험해야 한다

말씀을 마치시고 시몬에게 이르시되
깊은 데로 가서 그물을 내려 고기를 잡으라
눅 5:4

그리스도께서 당신에게 자신에 대해 뭔가를 가르쳐주실 때에 당신의 삶을 통해 경험하게 하십니다. 무리가 모여들었을 때에 예수님은 베드로의 배를 타시기로 선택하시고 그곳에서 사람들에게 가르치셨습니다. 하루 종일 베드로는 배에 앉아서 군중에게 가르치시는 예수님의 말씀을 들었습니다. 말씀이 끝나자 예수님은 방금 군중에게 가르치신 내용의 실체를 베드로에게 경험하게 하셨습니다. 군중들은 진리를 들었지만 베드로는 그것을 경험했습니다.

예수님은 어부가 이해할 수 있는 언어로 그분의 가르침을 베푸셨습니다. 주님은 베드로에게 그의 그물을 깊은 물에 내리라고 말씀하셨습니다. 베드로는 망설였습니다. "선생님 우리들이 밤이 새도록 수고하였으되 잡은 것이 없었습니다"(눅 5:5). 그는 피곤했습니다. 그는 아마도 그와 같은 때에 하나님을 극적으로 만나리라고 기대하지 않았을 것입니다. 그러나 베드로가 예수님의 말씀에 순종했을 때에 그는 너무나 많은 고기를 잡아서 배가 거의 가라앉을 지경이 되었습니다. 이에 놀란 베드로는 자신이 방금 하나님의 능력을 경험했다는 것을 깨달았습니다(8절). 그는 예수님이 명령하시면 무엇이든 된다는 사실을 배웠습니다. 이런 식으로 예수님은 베드로의 우선순위를 고기를 낚는 일에서 사람을 낚는 일로 바꾸셨습니다(10절). 베드로의 순종이 예수님의 존재에 대한 극적인 새로운 통찰력을 얻게 하였습니다. 이런 경험은 베드로가 보다 더 친밀하고 강력하게 예수님과 동행하기 위한 초청이었습니다.

예수님과의 동행은 필수입니다. 성경은 그 어느 곳에서도 하나님께서 당신에게 인생 계획표를 주시고서 당신 혼자 그것을 실행하도록 내버려 두신다고 가르치지 않습니다. 오히려 성경은 날마다 그분과의 동행을 강조하고 이를 삶의 패턴으로 삼습니다. 당신이 하나님과 동행할 때에 그분은 당신에게 새로운 임무를 주시고 당신을 통해 그것을 성취하십니다.

그것이 바로 영적 은사입니다. 영적 은사는 하나님이 당신에게 맡기신 임무를 성취하게 하는 영적권능의 부여입니다. 물고기를 잡는 것은 베드로가 개발한 자연적 기술입니다. 사람을 낚는 것은 예수님이 그에게 주신 영적 은사입니다. 예수님은 베드로에게 하나님의 일하심에 대해 가르치셨고 그로 하여금 그분의 일에 동참하도록 무장시키셨습니다.

그러므로 주님께서 당신이 이해할 수 있는 언어로 가르치실 사이에 하나님의 뜻을 분별하기 위해 당신의 재능과 능력 그리고 관심사에 초점을 맞추지 마십시오. 대신에 하나님의 뜻을 구하고 그분께서 맡기시는 사명이 무엇이든 하나님께서 그 일을 위해 당신을 무장시키는 모습을 살펴보십시오. 주님께서 경험을 통해 당신에게 가르쳐 주시는 것에 관심을 기울이십시오. 당신이 주님께서 하시는 일에 동참할 수 있다는 것을 그분은 지금 보여주고 계십니다.

하나님은 당신이 단순히 진리를 지적으로 아는데 그치기를 원치 않으십니다. 그분은 당신이 그분의 진리를 경험하길 원하십니다. 예수님에 관한 내용 중에는 오직 그분에게 순종할 때에만 배울 수 있는 것들이 있습니다. 당신이 순종하면 보다 더 큰 계시를 받고 더 위대한 섬김의 기회들을 얻게 될 것입니다.

1. 당신의 삶에서 좋아하는 취미나 혹은 일상적인 활동을 예로 혹은 비유로 사용하여 하나님에 대해 혹은 그분과의 관계 안에서 사는 것에 대해 어떤 중요한 진리를 설명할 수 있습니까?

2. 뭔가를 실제로 실행했을 때에 비로소 그것을 이해했다고 생각한 적은 언제입니까? 마찬가지로 비록 실수를 통해 혹은 호된 대가를 치르고 나서 뭔가를 경험한 후에 하나님을 더 잘 이해한 적은 언제입니까?

3. 최근 경험을 통해 예수님께서 당신에게 가르치고 계신 것은 무엇입니까? 만일 이에 대한 대답이 금방 생각나지 않는다면 커다란 기쁨을 준 것들이나 좌절된 것을 생각해 보고 이것들이 예수님에 대해, 당신 자신에 대해, 그리고 당신과 하나님과의 관계에 대해 무엇을 드러내는지를 생각해 보십시오.

4. 오늘 읽은 문장이나 성경 중에서 가장 의미심장한 것은 무엇이었습니까?

5. 그 문장이나 성경 구절을 하나님께 드리는 반응의 기도문으로 바꿔 보십시오.

6. 하나님은 당신이 무엇을 하길 원하십니까? 오늘의 학습과 연관지어 생각해보세요.

제4일

하나님의 계시는 그분의 초청이다

주 여호와께서는 자기의 비밀을 그 종 선지자들에게 보이지 아니하시고는
결코 행하심이 없으시리라
암 3:7

그리스도인들은 그분의 뜻을 찾는 것에 대해 마치 하나님의 뜻이 감춰져 있고 찾기가 어려운 것처럼 이야기하면서 많은 시간을 보냅니다. 하나님은 자신의 뜻을 감추지 않으시기 때문에 그 뜻을 발견하는 것은 어렵지 않습니다. 우리는 하나님께 그분의 뜻을 우리에게 계시해달라고 간청할 필요가 없습니다. 그분은 우리보다 훨씬 더 그분의 뜻을 계시하길 간절히 원하십니다. 우리는 때로 하나님에게 이미 행하신 일들을 해달라고 간구합니다.

아모스 시대의 사람들은 하나님과 그분의 갈망을 곡해했습니다. 하나님은 그분의 뜻을 계시하셨습니다. 문제는 그들이 그것을 깨닫지 못하고 순종하지 않은 데에 있습니다. 아모스는 하나님께서 그분이 하시고자 하는 일을 자기 종들에게 미리 밝히지 않고서는 인간사 중에 어느 일도 하지 않으신다고 선언했습니다. 불행하게도 하나님의 말씀을 받을 정도로 그렇게 그분과 친밀하게 동행하는 사람이 하나도 없을 때가 있습니다(사 59:16; 63:5; 겔 22:30-31).

예수님은 아버지 하나님과 너무 친밀하게 동행하셨기 때문에 언제나 아버지 하나님께서 자기 주위에서 무슨 일을 하시는지 아셨습니다(요 5:19-20). 예수님은 우리 눈이 밝으면 하나님이 보이고 그분이 하시는 일을 깨닫게 될 것이라고 말씀하셨습니다(마 6:22). 우리가 만일 하나님의 하시는 일을 보지 못한다면 문제는 계시가 없기 때문입니다. 문제는 우리 죄가 우리로 하여금 이를 깨닫지 못하도록 막는다는 것입니다.

하나님께서 누군가의 삶에서 일하실 때에 그분의 일을 당신에게 계시하실지도 모릅니다. 그 계시는 구원하시는 그분의 일에 당신이 동참하도록 초청하시는 것입니다. 그분은 자

기 종에게 그분의 하시는 일을 계시하실 것입니다. 만일 당신의 영안이 순전하다면 당신은 하나님께서 당신 주변에서 하시고 계신 모든 일을 보고 압도될 것입니다.

이 세상은 비전에 의해 움직입니다. 하나님의 사람들은 계시로 삽니다. 세상은 위대하고 고귀한 목적과 목표를 성취하려 합니다. 사람들은 자기의 삶을 투자할 수 있는 가장 위대하고 가장 만족스러운 일들을 꿈꿉니다. 사회제도도 목표와 목적을 세우고 나서 이것들을 성취하기 위해 스스로 조직합니다. 하나님의 사람들은 완전히 다르게 작동합니다. 그리스도인들은 하나님의 계시가 그들에게 합리적으로 보이지 않더라도 자신의 삶을 그 계시에 근거하여 준비합니다.

하나님은 우리 미래와 우리 가족, 우리 교회 혹은 우리나라에게 최선이 무엇인지에 대해 우리의 의견을 묻지 않으십니다. 그분은 이미 알고 계십니다. 하나님은 그분의 백성의 관심을 얻으신 후에 그분의 마음에 담고 있는 것과 그분의 뜻이 무엇인지를 계시하고 싶어 하십니다. 왜냐면 하나님의 길은 우리의 길과 다르기 때문입니다(사 55:8–9).

사람들이 자신의 삶을 하나님의 계시에 근거하여 세우지 않을 때에 그들은 "방자히 행합니다"(잠 29:18). 즉 그들은 그들의 눈에 옳은 것을 행합니다. 그들은 자신의 목표를 세우고 그들의 의도(agenda)를 준비한 후에 하나님의 축복을 구합니다. 어떤 그리스도인들은 하나님의 뜻과 동떨어져서 살면서도 그들의 노력을 축복해 달라고 하나님께 고집스럽게 기도합니다.

하나님의 뜻을 알 수 있는 유일한 방법은 그분께서 당신에게 계시하시는 것입니다. 당신은 스스로 그 계시를 결코 발견할 수 없을 것입니다. 아버지 하나님의 음성을 들을 때에 당신이 삶 가운데서 즉시 해야 할 일이 있습니다. 그것은 순종입니다. 잠언 기자가 관찰한 대로 "지혜의 가르침에 귀를 기울이는 자는 복이 있습니다"(29:18, 대부분 성경은 "율법을 지키는 자는 복이 있느니라"로 번역됨).

1. 하나님의 뜻을 아는 것에 대해 고민한 적이 있습니까? 당신은 그분의 뜻을 분별하기 위해 실제로 어떤 일을 했습니까? 그 결과는 어떠했습니까?

2. 어떤 죄가 당신의 영적 시야를 흐리게 합니까?

3. 하나님의 일에 동참하길 구하는 대신에 – 심지어 당신이 애쓰는 일을 하나님께 축복해 달라고 하면서 – 삶의 어떤 부분에서는 당신 자신의 의도에 따라 살고 있지 않습니까?

4. 오늘 읽은 문장이나 성경 중에서 가장 의미심장한 것은 무엇이었습니까?

5. 그 문장이나 성경 구절을 하나님께 드리는 반응의 기도문으로 바꿔 보십시오.

6. 하나님은 당신이 무엇을 하길 원하십니까? 오늘의 학습과 연관지어 생각해보세요.

제5일

지금이 초청을 수용해야 할 때이다

제자 중에 또 한 사람이 이르되
주여 내가 먼저 가서 내 아버지를 장사하게 허락하옵소서
마 8:21

그리스도인으로서 우리는 그리스도께 순종하는 문제로 자주 갈등을 겪는 것이 아니라 즉각적인 순종을 하지 못하기 때문에 자주 갈등을 겪게 됩니다. 하나님의 타이밍은 완벽합니다. 그분이 말씀하실 때에 순종으로 응답할 때는 지금입니다. 우리는 이 세상에서 시간이 너무 많기에 아무 때나 그분에게 순종할 수 있는 것처럼 행동할 때가 많습니다. 그러나 역사는 우리의 헌신을 기다려주지 않습니다. 하나님의 경우에 결정을 미루는 그런 것은 없습니다. 우리가 순종하거나 아니면 불순종하거나 둘 중 하나입니다. 믿음과 불신, 순종과 불순종 둘 중 하나입니다. 하나님께서 그분의 뜻을 계시하시는 것은 즉각 응답하라는 그분의 초청입니다.

제자가 되고 싶어 하는 몇 사람이 예수님을 기꺼이 따르겠다고 맹세했지만 그들은 주님께 아직 준비가 되지 않았다고 번복했습니다. 예수님 당시에 유대인 남자는 그의 노부모가 죽을 때가지 그들을 보살펴야 했습니다. 한 남자는 그의 아버지가 죽으면 장례를 치른 뒤에 예수님을 따르고자 했습니다. 이렇게 하는 것은 명예로운 지연이었을 것입니다. 그 남자는 이 중요한 책임과 주님의 부르심에 부응하는 것 사이에서 선택해야 했습니다. 그러나 하나님은 이 사람을 아셨고 또한 그 남자의 아버지도 아셨습니다. 만일 그가 그저 예수님을 따랐다면 하나님은 그 남자의 아버지를 돌봐주셨을 것입니다. 이것은 하나님의 아들과 동행할 수 있는 기회였지만 현실적인 염려가 하나님께 순종하는 우선순위와 부딪혔습니다.

우리가 순종할 때에 타이밍은 결정적입니다. 하나님께서 초청하실 때에 반응할 기회는 제한적입니다. 그분을 섬길 기회 중에서 어떤 것들은 즉시 수용하지 않으면 사라질 것입니

다. 다른 사람들을 섬길 기회들도 우리는 지나칠 수 있습니다. 하나님께서 우리를 초청하셔서 누군가를 위해 중보하게 하실 때에 우리가 지금 하고 있는 일을 멈추고 즉시 우리의 삶을 그분이 하시는 일에 조정하는 것이 중요합니다.

주님을 섬길 기회를 놓치는 것은 비극적일 수 있습니다. 하나님이 초대하셨을 때에 우리는 바로 응답해야 합니다. 그래서 성경은 우리에게 하나님이 우리의 마음에 관심을 가지고 계시다고 말합니다. 우리가 예수님과의 사랑의 관계에서 마음을 지키지 않는다면 우리는 하나님께서 말씀하실 때에 불순종하는 경향을 보일 것입니다. 그리고 그 불순종은 다른 사람들의 삶에도 영향을 미칠 수 있습니다.

하나님의 타이밍은 언제나 완벽합니다. 그분은 당신을 아시고 당신의 상황을 다 아십니다. 그분은 지금까지 당신의 삶에 세우신 모든 것을 아시며 그분의 초청을 확대하십니다. 왜냐면 그분은 그분의 자원이 당신에게 맡기시는 그 모든 임무를 감당하고도 남음이 있음을 아시기 때문입니다.

하나님은 언제나 영원의 맥락에서 말씀하십니다. 우리는 그분이 요구하시는 것의 모든 의미를 다 알 필요가 없습니다. 우리는 단지 그것이 전능하신 하나님의 말씀임을 알기만 하면 됩니다. 지금은 언제나 주님께 응답하고 초청을 수용해야 할 때입니다.

1. 삶의 어떤 부분에서 당신은 하나님의 초청을 받고서도 계속해서 지금까지 결단을 미루고 있습니까? 왜 당신은 응답하지 않았습니까? 이처럼 행동으로 옮기지 않는 것은 무엇을 드러냅니까?

2. 순종을 미루는 것은 불순종을 선택한 것입니다. 따라서 이처럼 행동으로 옮기지 않았을 때에 당신과 하나님의 관계는 어떤 영향을 받습니까?

3. 하나님을 순종함에 있어서 타이밍은 왜 중요합니까? 당신의 순종에 영향을 끼칠 수 있는 긍정적, 부정적 요소들을 가능한 한 많이 찾아보십시오.

4. 오늘 읽은 문장이나 성경 중에서 가장 의미심장한 것은 무엇이었습니까?

5. 그 문장이나 성경 구절을 하나님께 드리는 반응의 기도문으로 바꿔 보십시오.

6. 하나님은 당신이 무엇을 하길 원하십니까? 오늘의 학습과 연관지어 생각해보세요.

지금 나는 하나님을 어떻게 경험하고 있는가?

본 여백을 이용하여 하나님을 경험하는 삶에 대한 일지를 쓰십시오.

특별히 '하나님은 그분의 일에 참여하도록 당신을 초청하십니다'라는 실체 3을 가지고 쓰십시오.

그룹 세션– 실체3

하나님은 그분의 일에 참여하도록 당신을 초청하신다

시작하기

복습과 기도로 시작하십시오. 지난주에 출애굽기 3장 1–6절을 공부하면서 토론한 진리들을 요약해 달라고 자원자에게 부탁하십시오.

당신과의 관계를 추구하시는 하나님께 감사를 드리십시오. 그룹원 각 사람이 참여하도록 초청하시는 하나님께 반응하도록 간구하십시오.

읽기와 반응하기

성경본문과 실체 3을 공부하십시오. 출애굽기 3장 7–10절을 소리 내어 읽으십시오.

다음 질문들을 사용하여 출애굽기 3장 7–10절에 나오는 실체 3의 예들을 토론하십시오. (필요하다면 61페이지의 실체 3의 개요를 참고하십시오)

1. 하나님은 어떤 필요를 확인하셨습니까? (7절)

2. 하나님께서 어떤 일을 하고 계셨습니까? (8절)

3. 이때에 하나님께서 모세에게 자세하게 계시하지 않았던 것들 중에는 무엇이 있었습니까?

4. 하나님께서 이 임무를 시작하시면서 모든 세부사항을 모세에게 설명하지 않으신 이유는 무엇

입니까? (9–10절)

5. 하나님은 그분의 일에 모세를 동참토록하기 위해 어떻게 그를 초청하셨나요?

6. 하나님께서 모세를 초청하실 때에 요청보다는 명령의 형태로 그를 초청하신 것이 왜 의미심장한가요?

7. 하나님의 일에 동참하는 것의 의미가 무엇인지를 이해하는데 있어서 그분께서 부탁 대신에 명령어 형태를 사용하신 것이 어떻게 당신이 깊이 이해하도록 돕습니까?

복습하기

실체 3에 대해 매일 읽은 글들의 주제들과 연관 지어 개인적 차원에서 토론을 계속하십시오. (이 질문들을 가이드로 삼되 매일 읽은 글들에 대한 반응으로 취한 어떤 행동들이나 의미있는 문장들에 대해 자유롭게 토론하십시오)

제1일

8. 당신은 당신 주변 사람들의 삶 가운데 하나님께서 일하시는 모습을 보기를 얼마나 갈망하십니까?

9. 당신은 하나님께서 그분의 거룩한 일을 위한 도구로서 당신을 어떻게 빚고 계시다고 생각하십니까?

10. 당신 자신의 계획보다 당신의 삶에 대한 하나님의 계획을 신뢰하는 것이 얼마나 더 나은가요? 당신은 삶에서 하나님께서 사랑하시는 일에 어떻게 순복하겠습니까?

제2일

11. 현재 상황에서 하나님의 마음과 당신의 관점과 갈망을 재조정해야 할 것은 무엇입니까?

제3일

12. 하나님께서 그분의 일에 동참하도록 모세를 초청하셨을 때에 그는 하나님을 완전히 새로운 방식으로 경험했습니다. 최근에 예수님께서 경험을 통해 당신에게 가르치고 계신 것은 무엇입니까? 만일 이에 대한 대답이 금방 생각나지 않는다면 커다란 기쁨을 준 것들이나 좌절된 것을 생각해 보고 이것들이 예수님에 대해, 당신 자신에 대해, 그리고 당신과 하나님과의 관계에 대해 무엇을 드러내는지를 생각해 보십시오.

제4일

13. 하나님의 뜻을 아는 것에 대해 고민한 적이 있습니까? 당신은 그분의 뜻을 분별하기 위해 실제로 어떤 일을 했습니까? 그 결과는 어떠했습니까?

14. 하나님의 일에 동참하길 구하는 대신에 – 심지어 당신이 애쓰는 일을 하나님께 축복해 달라고 하면서 – 삶의 어떤 부분에서는 당신 자신의 의도를 따라 살고 있지 않습니까?

제5일

15. 삶의 어떤 부분에서 당신은 하나님의 초청을 받고서도 계속해서 결단을 지금까지 미루고 있습니까? 왜 당신은 응답하지 않았습니까? 이처럼 행동으로 옮기지 않는 것은 무엇을 드러냅니까?

16. 순종을 미루는 것은 불순종을 선택한 것입니다. 따라서 이처럼 행동으로 옮기지 않았을 때에 당신과 하나님의 관계는 어떤 영향을 받습니까?

17. 하나님을 순종함에 있어서 타이밍은 왜 중요합니까? 당신의 순종에 영향을 끼칠 수 있는 긍정적, 부정적 요소들을 가능한 한 많이 찾아보십시오.

하나님을 경험하는 삶의 간증들

이 기회를 이용해 당신이 하나님을 경험한 방식들을 나누십시오.

18. 지난 주간에 당신은 하나님을 어떻게 경험했습니까?

19. 언제, 어느 곳에서 혹은 어떻게 하나님은 당신을 그분의 일에 동참하도록 초청하셨습니까?

20. 그것이 당신만의 일이 아니라 하나님의 일이라는 점을 기억하는 것이 왜 중요합니까?

마무리하기

다음의 마지막 생각을 읽고 기도로 본 세션을 마치십시오.

하나님께서 지금 일하고 계신 곳을 당신에게 계시하실 때에
그것은 그분이 하시는 일에 당신이 동참하도록 초청하시는 것입니다.
계시가 곧 초청입니다. 만일 그분이 당신에게 뭔가를 알려주셨다면
그때가 바로 응답할 때입니다.

다음 주에 우리는 "하나님은 성령님에 의해 성경, 기도, 환경과 교회를 통해서 자기 자신과 목적과 길들을 말씀하십니다"는 실체 4를 논의할 것입니다.

실체 4

하나님이 말씀하심

하나님은 성령님에 의해 성경, 기도, 환경과 교회를 통해서 자기 자신과 목적과 길을 말씀하십니다.

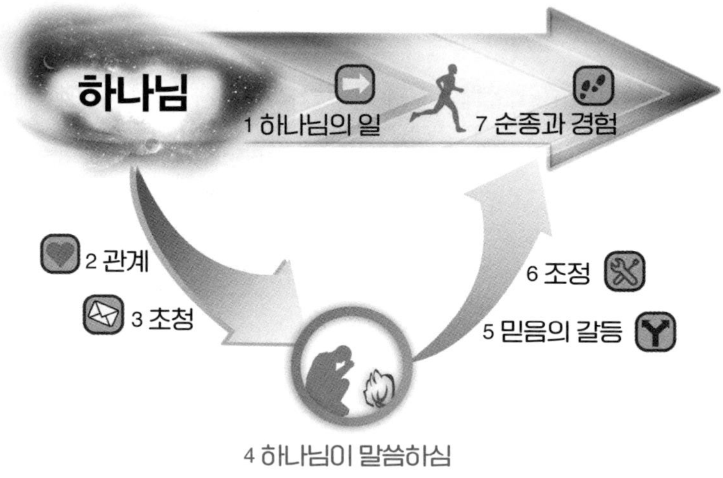

창세기부터 계시록까지 증언하는 내용은 하나님께서는 자기 백성에게 말씀하신다는 것입니다. 우리 시대에도 하나님은 성령을 통해 우리에게 말씀하십니다. 성령은 성경, 기도, 환경 그리고 교회(다른 신자들)를 사용하셔서 우리를 인도하십니다. 당신이 성경 구절을 통해 하나님께서 당신에게 말씀하시는 음성을 들을 때에 기도, 다른 신자들 그리고 환경을 통해 당신이 들은 것을 검증하는 것이 언제나 최선의 방법입니다. 만일 하나님께서 이와 같은 방법들을 통해 동일한 것을 말씀하시는 것을 당신이 들었다면 확신을 가지고 앞으로 나아갈 수 있습니다.

하나님은 당신을 더 깊고 친밀한 동행으로 이끄시기 때문에 당신은 그분을 신뢰하고 믿을 수 있습니다. 그분은 자기의 목적을 당신에게 계시하실 것입니다. 그래서 당신은 자신의 목표와 꿈을 이루기보다는 그분의 일에 동참할 수 있습니다. 그분은 그분의 길을 계시하십니다. 그래서 당신은 그분께 영광을 돌리며 그분의 목적을 이룰 수 있습니다. 하나님의 길은 우리의 길과 다릅니다(사 55:8-9). 당신은 스스로 하나님에 관한 진리들을 발견할 수 없습니다. 거룩한 진리는 계시되어야 합니다.

하나님은 오셔서 그분의 뜻을 모세에게 말씀하셨습니다. 그분은 모세가 애굽으로 가서 이스라엘 백성을 구원하길 원하셨습니다. 그분은 모세에게 그분의 거룩함, 자비, 능력, 이름 그리고 그분의 언약을 이루고 이스라엘에게 약속의 땅을 주시기 위해 그분의 목적을 계시하셨습니다.

하나님께서 말씀하셨을 때에 모세는 그것이 하나님이심을 알았습니다. 그는 하나님이 무엇을 말씀하셨는지 알았습니다. 그리고 응답으로서 그가 해야만 할 일이 무엇인지도 알았습니다. 이런 패턴은 오늘날 당신에게 동일하게 적용됩니다. 당신은 그분이 하나님이심을 알 것입니다. 당신은 그분이 지금 무엇을 말씀하시는지를 알 것입니다. 그리고 하나님께서 당신이 무엇을 하길 원하시는지도 알 것입니다.

제1일

하나님은 많은 강력한 방식으로 말씀하신다

옛적에 선지자들을 통하여 여러 부분과 여러 모양으로 우리 조상들에게 말씀하신 하나님이
이 모든 날 마지막에는 아들을 통하여 우리에게 말씀하셨으니
히 1:1-2

우리 세대는 방법에 사로잡혀 있습니다. 어떤 사업에서 탁월한 프로그램을 발견하면 우리는 사업에도 즉각 그것을 통째로 활용하고 싶어 합니다. 이런 태도가 영적인 삶에도 들어와 있습니다. 우리는 신앙생활에 만족을 주기 위해 탁월한 영적 훈련, 책, 세미나 혹은 컨퍼런스를 찾는데 많은 에너지를 소비합니다. 그러나 하나님은 그런 방법들보다는 우리가 하나님을 신뢰하길 원하십니다.

인격체보다 오히려 방법을 신뢰하게 되면 하나님을 경험하는 방식은 심각한 제한을 받습니다. 우리가 예측 가능한 방식만으로 하나님께서 우리에게 말씀하실 것이라고 기대한다면 우리가 망각했던 것 이상으로 하나님은 훨씬 더 복잡하신 분이라는 사실을 잊어버리게 됩니다. 과거에 하나님은 꿈과 환상으로 말씀하셨습니다. 그분은 자연, 표적, 선지자, '세미한 음성'(왕상 19:12), 불, 나팔, 양털, 제비뽑기, 천사를 사용하셨습니다. 그분은 한밤중에, 예배 도중에, 식사 시간에, 장례 기간에, 사람들이 길을 가고 있을 때에, 폭풍 가운데, 그리고 그분의 아들을 통해 말씀하셨습니다. 중요한 것은 하나님이 말씀하신 방식이 아니라 그분이 말씀하셨다는 사실입니다. 하나님께서 우리에게 말씀하시기 위해 사용하신 수단들은 중요하지 않습니다. 중요한 것은 그분이 말씀하신다는 사실입니다.

당신은 창조주께서 여전히 당신을 선택하셨다는 사실에 대해 경외감을 갖고 있습니까? 당신은 성경을 읽을 때에 거룩한 기대감으로 당신을 향해 하나님이 가지고 계신 말씀을 그날 듣기 위해 노력하십니까?

하나님의 말씀에는 능력이 있습니다. 하나님께서 말씀하시면 그대로 이루어집니다. 태

초에 하나님이 말씀하셨을 때에 우주가 무에서 창조되었습니다. 하나님은 섭리 가운데 이 땅을 창조하였습니다. 그분이 말씀하시자 그대로 되었고 보시기에 좋았습니다(창 1:3-4). 이 패턴은 성경에서 지속되었습니다. 하나님께서 그분의 계획을 계시하실 때마다 그분이 말씀하신 대로 모든 것이 되었고 하나님은 그 결과가 보시기에 좋았다고 하셨습니다(빌 2:13). 하나님은 제안을 하지 않으십니다. 그분은 자신이 말씀하신 것이 실현될 것을 아시고 완전한 결정 가운데 말씀하십니다.

예수님께서 말씀하실 때마다 그분이 말씀하신 것이 이뤄졌습니다. 나병 들린 사람은 예수님이 하신 말씀이 치유를 의미한다는 것을 알았습니다(눅 5:13; 17:14). 소경은 예수님의 말씀이 빛을 의미한다는 것을 깨달았습니다(18:42). 열매 없는 무화과나무를 통해 제자들은 예수님의 저주가 멸망을 의미한다는 것을 알았습니다(막 11:14, 20). 죄인은 예수님의 말씀을 통해 용서를 경험했습니다(요 8:11).

예수님께서 나사로를 죽은 자 가운데서 살리시기 위해 얼마나 많은 시도를 하셔야 했나요? 단 한 번이었습니다(11:43-44). 예수님이 말씀하신 것 중에 이뤄지지 않은 것은 단 한 번도 없었습니다.

하나님의 말씀이 당신의 삶에서 얼마나 강력하게 나타났는지요! 당신이 성경을 읽고 기도할 때에 하나님께서 당신을 향한 그분의 뜻 가운데서 뭐라고 말씀하시는지 들으십시오. 당신 자신을 어떤 방법에 제한하며 오직 예측 가능한 방식으로 아버지 하나님의 음성을 들을 것을 기대하지 마십시오. 오히려 하나님께서 당신에게 전하길 원하시는 다른 방법들에 대해 자신을 열어두십시오. 당신이 그분의 음성을 받아들인다면 당신은 완전히 새로운 차원에서 그분을 경험하게 될 것입니다(사 55:10-11).

1. 과거에 당신은 어떤 방식으로 하나님의 음성을 경험했습니까?

2. 하나님께서 어떤 특정한 방식으로 말씀하실 것이라는 기대감 때문에 당신은 하나님의 존재보다 방법들을 신뢰한 적이 있습니까?

3. 가장 최근에 당신에게 말씀하시는 하나님에 대한 경외감에 빠진 때는 언제였습니까?

4. 오늘 읽은 문장이나 성경 중에서 가장 의미심장한 것은 무엇이었습니까?

5. 그 문장이나 성경 구절을 하나님께 드리는 반응의 기도문으로 바꿔 보십시오.

6. 하나님은 당신이 무엇을 하길 원하십니까? 오늘의 학습과 연관지어 생각해보세요.

제2일

성경

모든 성경은 하나님의 감동으로 된 것으로 교훈과 책망과 바르게 함과
의로 교육하기에 유익하니 이는 하나님의 사람으로 온전하게 하며
모든 선한 일을 행할 능력을 갖추게 하려 함이라
딤후 3:16-17

모든 성경은 유익합니다. 이 사실을 알면서도 우리는 하나님의 약속과 명령을 얻기 위해 노력하지 않고 성경을 외면하고 있습니다. 모든 성경 말씀은 하나님의 감동으로 되었으며 우리에게 유익하기 때문에 우리는 읽고 공부해야 할 구절을 미리 결정해서는 안 됩니다. 그리고 좋아하는 구절들은 주장하고 우리를 찌르는 구절들은 무시해선 안 됩니다. 만일 예수님의 성숙한 제자가 되려 한다면 우리는 모든 성경이 말씀하도록 허락하고 하나님께서 우리에게 가르치기 원하시는 것을 허용해야 합니다.

만일 당신이 하나님의 말씀에 굳게 뿌리를 내리지 않으면 당신의 모든 생활은 흔들리게 될 것입니다. 그리고 당신은 하나님이 인정하시는 것인지 아닌지 평가할 수 있는 기준을 잃게 될 것입니다. 성경을 통해 우리는 우리가 배우는 교리와 신앙의 건전성을 평가할 수 있습니다. 성경은 우리가 다른 사람에게 행하는 모든 언어와 행동의 근거가 되어야 합니다.

당신은 하나님의 말씀과 동떨어져서 의로운 삶을 살 수 없습니다. 의는 배양되어야 합니다. 당신의 마음을 하나님의 말씀으로 채우고 그분의 명령에 순종하면 그분은 의의 길로 당신을 인도하실 것입니다. 만일 당신이 하나님이 주신 임무에 부적합하다고 느낀다면 성경을 찾으십시오. 왜냐면 성경 안에서 당신이 그분의 임무를 수행할 수 있는 지혜를 발견할 것이기 때문입니다. 하나님의 말씀이 당신의 삶을 적시고 인도하며 부요하게 만들도록 허락하십시오.

그렇다면 왜 하나님의 말씀에 집중하는데 시간과 열심을 내지 않으십니까? 당신이 읽은 성경의 내용이 당신을 불편하게 만들기 때문입니까? 설교를 들을 때에 성경이 직접적으로

당신을 지목하는 것처럼 보이기 때문입니까? 당신이 이를 믿든지 안 믿든지 그것은 좋은 내적 충동입니다. 당신은 지금 하나님의 말씀이 살아 있어서 당신의 생각을 읽어내고 당신의 의도를 판단하는 실체를 경험하고 있는 것입니다.

하나님께서 성경을 통해 당신에게 말씀하실 때에 그것은 언제나 목적을 위한 것입니다. 하나님은 당신의 삶을 그리스도께 순응하기 위해 당신의 마음에 필요한 것이 무엇인지를 아십니다. 만일 당신이 입으로 죄를 짓는 문제가 있다면 당신에게 임하는 말씀이 그 혀를 다룰 것입니다. 만일 당신이 용서하는 일을 힘들어 한다면 하나님의 말씀이 용서에 대한 그분의 기준을 통해 당신을 위로하실 것입니다. 만일 교만이 당신 삶의 요새라면 하나님은 말씀을 통해 당신에게 겸손에 대해 말씀하실 것입니다. 어떤 것이라도 처리해야 할 죄가 있다면 당신은 그 문제에 대해 하나님의 말씀에 직면해야 할 것입니다.

마음에 찔림을 받는 것이 불편하기에 하나님의 말씀 듣기를 피하려는 생각을 할 수 있습니다. 그래서 당신은 성경 읽기를 무시하고 성경을 가르치는 자리를 피하며 성경의 진리를 나누는 사람들을 멀리할지도 모릅니다. 그러나 가장 좋은 응답은 시편 기자처럼 기도하는 것입니다. "하나님이여 나를 살피사 내 마음을 아시옵소서"(139:23). 정기적으로 하나님의 말씀으로 씻음을 받고 죄와 더러운 것을 찾아내십시오(엡 5:26). 당신의 삶에 하나님께서 지금 하시는 말씀을 언제나 연결하십시오. 하나님의 말씀을 진지하게 받아들이는 것을 습관으로 삼으십시오. 왜냐면 하나님의 말씀이 당신의 마음과 생각을 판단할 수 있는 기준이 되기 때문입니다.

1. 하나님의 말씀을 묵상하며 그분의 음성을 듣기 위해 당신이 정기적으로 확보한 시간은 언제입니까?

2. 가장 최근에 성경을 읽다가 찔림을 받은 내용은 무엇이었습니까?

3. 그와 같은 불편함에 대해 당신은 어떻게 반응했습니까?

4. 오늘 읽은 문장이나 성경 중에서 가장 의미심장한 것은 무엇이었습니까?

5. 그 문장이나 성경 구절을 하나님께 드리는 반응의 기도문으로 바꿔 보십시오.

6. 하나님은 당신이 무엇을 하길 원하십니까? 오늘의 학습과 연관지어 생각해보세요.

제3일

기도

그들을 본받지 말라 구하기 전에 너희에게 있어야 할 것을
하나님 너희 아버지께서 아시느니라
마 6:8

기도는 당신에게 영적 능력을 주지 않습니다. 이 말이 놀랍게 들릴지 모르겠습니다. 그러나 사실입니다. 기도는 당신에게 능력을 주지 않습니다. 기도는 당신의 삶을 하나님께 조정해 주며 그로 인해 하나님은 당신을 통해 그분의 능력을 나타내시기로 결정하십니다. 기도의 목적은 하나님을 설득하여 당신의 상황을 바꾸는 것이 아니라 당신으로 하여금 하나님의 일에 동참하도록 준비시키는 것입니다. 오순절에 사람들이 기도를 뜨겁게 기도했기 때문에 성령께서 그들에게 임하신 것이 아닙니다. 기도를 통해 그들은 이미 하나님께서 계획하신 능하신 일에 참여할 준비가 된 지점에 이르게 되었던 것입니다.

예수님은 제자들에게 성령이 그들에게 임하실 때까지 예루살렘에 머물라고 말씀하셨습니다(행 1: 4-5). 제자들은 주님의 명령에 순종했으며 하나님의 다음 지시를 기다렸습니다. 그들이 기도하자 하나님은 그들의 삶을 그분이 다음에 행하실 일에 맞춰 조정하셨습니다. 그들이 기도하자 그들 가운데 일치가 생겨났습니다. 처음으로 제자들은 의사 결정을 하는데 성경을 사용했습니다(15-26절). 오순절이 이르자 예루살렘 도시는 전 세계에서 몰려든 순례자들로 가득했습니다. 하나님께서 제자들에게 성령을 부어 주셨고, 모든 민족에게 복음을 전할 메신저들로 그 도시를 채우셨습니다. 기도를 통해 제자들은 순종할 준비가 되었던 것입니다.

기도의 목적은 하나님을 당신의 뜻에 조정하는 것이 아니라 당신을 하나님의 뜻에 조정하는 것입니다. 만일 하나님께서 당신이 기도하는 내용에 응답하지 않으셨다면 당신은 당신의 기도를 하나님의 일에 맞춰 조정해야 할지 모릅니다. 하나님은 당신이 원하는 것에 초

점을 맞추기보다는 당신을 통해 행하시려는 계획이 더 관심이 많다는 사실을 깨달으십시오.

당신이 그분의 이름을 부르기 전에 아버지 하나님은 당신에게 필요한 모든 것을 이미 공급하기 시작하셨다는 사실을 숙고하십시오(사 65:24). 예수님은 제자들이 하나님을 친밀하게 알고 서로 사랑하는 법을 배우길 원하셨습니다. 그래서 주님은 그들에게 기도하라고 말씀하셨습니다. 주님은 심지어 그들이 기도하기 전에 하나님께서 그들의 모든 상황을 다 아신다는 사실을 제자들에게 분명히 말씀하셨습니다.

기도는 하나님에게 우리의 필요를 알려드리기 위하여 고안된 것이 아닙니다. 왜냐면 그분은 이미 그 필요들을 아시기 때문입니다. 그렇다면 왜 우리는 기도해야 할까요? 기도를 통해 하나님을 보다 친밀하게 경험할 수 있기 때문입니다. 어린 아이가 부모의 사랑을 가득히 경험하면 할수록 그 아이는 부모의 끝없는 사랑을 그만큼 더 깊이 확신하게 됩니다. 부모는 어린 아이가 필요를 깨닫기 전에 먼저 그 필요를 알고 미리 준비하여 채워줄 때가 많습니다. 마찬가지로 우리 하늘 아버지도 우리가 오늘 그리고 다음 주에 필요로 하는 것을 정확히 아십니다. 그분은 우리에게 공급하심으로 언제나 그분을 경험하길 간절히 원하십니다.

우리는 하나님께서 우리에게 가장 좋은 것이 무엇인지 우리보다 훨씬 더 잘 아신다는 사실을 발견하고서 놀랄 때가 많습니다. 때로 우리는 우리에게 유익한 것을 잘 안다고 생각합니다. 심지어 우리는 하나님께 뭔가를 구할 필요가 없다고 생각할 정도로 어리석을 수 있습니다. 그러나 하나님은 우리가 곤궁에 처했을 때에 그분께 나아가길 원하십니다(마 7:7). 그분은 우리의 약함을 통해 그분의 강하심을 보여주실 준비가 되어 있습니다. 우리 하늘 아버지는 우리에게 가장 좋은 것이 무엇인지 아시기에 우리가 그분께 구하기만 하면 모든 필요를 채워주실 준비가 되어 있으십니다(빌 4:13).

1. 최근에 무엇을 위해 기도하시고 있습니까? 당신에게 필요한 것은 무엇입니까?

2. 당신은 어떤 기도 응답을 경험하셨습니까?

3. 당신은 언제 하나님께서 기도를 통해 당신을 변화시키신다는 사실을 깨달았습니까?

4. 오늘 읽은 문장이나 성경 중에서 가장 의미심장한 것은 무엇이었습니까?

5. 그 문장이나 성경 구절을 하나님께 드리는 반응의 기도문으로 바꿔 보십시오.

6. 하나님은 당신이 무엇을 하길 원하십니까? 오늘의 학습과 연관지어 생각해보세요.

제4일

환경

여호와께서 그가 보려고 돌이켜 오는 것을 보신지라
하나님이 떨기나무 가운데서 그를 불러 이르시되
모세야 모세야 하시매 그가 이르되 내가 여기 있나이다
출 3:4

그리스도인들은 습관적으로 기도와 그분의 말씀 그리고 그분의 설교자들을 통해 하나님의 음성을 구합니다. 때때로 그분이 우리 주위에서 일하고 계시는데도 우리는 그분이 하시는 일을 통해 말씀하시는 것을 듣지 못할 때가 있습니다. 하나님은 자기 백성들에게 그분이 하시는 일을 살펴보라고 권하십니다. 그래서 그들이 어떻게 반응하고 그들의 삶을 어떻게 조절해야 할지를 알길 원하십니다.

모세는 그날 일상적인 일을 했고 일상적인 사건을 목격했습니다. 그것은 불타는 떨기나무였습니다. 또한 모세는 비범한 것을 목격했습니다. 떨기나무가 타긴 타는데 사라지지 않는 것이었습니다. 모세는 몸을 돌이켜 가까이 가서 자세히 보려 했습니다.

주님은 모세가 일상적인 삶에서 몸을 돌이키는 것을 보셨을 때에 그에게 말씀하셨습니다. 그 순간은 하나님께서 40년 동안 모세의 삶 가운데 행하신 모든 것의 정점이었습니다. 하나님의 구속 계획 가운데 많은 부분은 모세가 일상적인 것 가운데서 일상적이지 않은 것을 주목할 때까지 기다리시는 것이었습니다.

소소한 일상에 묻혀 지낼 때에 당신은 바로 곁에서 일어나는 비범한 일을 의식하지 못할 수 있습니다. 당신은 평범한 순간 한 가운데서도 하나님의 임재로 가득한 이와 같은 그분의 일하심을 볼 수 있습니다. 매우 바쁜 날에 뭔가 비범한 것을 인식할 때가 있을지 모릅니다. 그럴 때에 당신의 첫 반응은 "나는 너무 피곤해서 이 사건을 살필 시간을 낼 수가 없어!" 아니면 " 나는 이런 일로 내 삶에 방해를 받지 않을 거야"라고 말할지 모릅니다. 그런데 그 순간이 당신이 하나님을 독특하게 만나는 기회가 될 수 있습니다.

당신이 교회에서 예배할 때에는 하나님이 말씀하시지 않고 일상의 삶 가운데서 말씀하실 때가 많습니다. 하나님을 가장 심오하게 만나고 역사가 나타난 사건 중 많은 사건들이 이처럼 평범한 일상에서 일어났습니다. 가장 평범한 것 가운데서 비범한 것이 보일 때에 평상시처럼 일을 하지 마십시오. 그 순간은 하나님께서 당신과 주변 사람들의 삶을 변화시키기 위해 예비하신 순간일 수 있습니다. 영적 분별력을 가진 사람들에게 하나님의 일하심은 그분의 마음과 뜻을 보여주시는 특별한 의미의 계시입니다.

만일 당신이 하나님께서 당신 주위에서 지금 일하시고 계신 것에 민감하다면 그분은 그분의 일을 통해 당신에게 분명히 말씀하실 것입니다. 당신은 하나님께서 움직이시는 것을 알게 될 것입니다. 왜냐면 당신이 본 것에 당신은 놀라고 인간의 힘과 지혜로는 그것을 설명할 수 없기 때문입니다. 당신이 자신의 이해와 능력을 초월하는 사건들을 경험할 때에 그것은 하나님께서 당신에게 중요한 메시지를 전달하고 계시는 증거일 수 있습니다.

만일 당신이 하나님의 음성을 듣기 원한다면 그분이 지금 무엇을 하시는지 보기 위해 당신 주위를 살펴보십시오. 당신이 일하시는 하나님의 모습을 찾으려 할 때에 당신은 그분의 성품을 보게 될 것입니다. 그리고 당신은 그분에게 어떻게 반응해야 할지를 새롭게 이해하게 될 것입니다.

1. 당신은 어떤 식으로 하나님의 비범한 임재를 경험했습니까?

2. 겉으로 보기에 평범한 상황을 통해 하나님께서 당신의 인생의 방향을 급격하게 바꾸신 때는 언제입니까?

3. 당신의 현재 상황을 생각해 보십시오. 하나님께서 일하시는 것인지를 알기 위해 당신이 세밀하게 체크해야 하는 것들은 무엇입니까?

4. 오늘 읽은 문장이나 성경 중에서 가장 의미심장한 것은 무엇이었습니까?

5. 그 문장이나 성경 구절을 하나님께 드리는 반응의 기도문으로 바꿔 보십시오.

6. 하나님은 당신이 무엇을 하길 원하십니까? 오늘의 학습과 연관지어 생각해보세요.

제5일

하나님께서 침묵하시는 것처럼 보일 때

주 여호와의 말씀이니라 보라 날이 이를지라
내가 기근을 땅에 보내리니 양식이 없어 주림이 아니며 물이 없어 갈함이 아니요
여호와의 말씀을 듣지 못한 기갈이라
암 8:11

당신이 예기치 못한 것으로 하나님이 말씀하시는 방법 중에 하나는 침묵입니다. 이스라엘 백성은 그들에게 하신 하나님의 말씀을 노골적으로 무시하고 거절했습니다. 그러자 하나님은 기근을 보내어 응답하셨습니다. 이 기근은 음식과 물 부족보다 훨씬 더 심각한 것이었습니다. 음식과 물 대신에 그들은 하나님의 생명의 말씀을 빼앗겼습니다.

하나님의 침묵은 처음에는 거의 감지가 안 될지 모릅니다. 당신은 여전히 하나님께서 말씀하셨던 때를 기억할지 모르지만 점차 오랫동안 그분의 음성이 들리지 않는다는 것을 깨닫습니다. 만일 당신이 기근 가운데 있다면 즉시 하나님을 구하고 그분과의 교제를 다시 누리기 위해 당신 삶에서 그분이 요구하시는 것이 무엇인지를 여쭤보십시오. 아마 당신은 이전에 그분께서 주신 명령에 불순종했거나 아니면 새로운 방향을 지시하시기 전에 먼저 당신의 순종을 기다리고 계신지 모릅니다. 당신의 삶에서 고백하지 않은 죄가 있을 수 있고 당신이 누군가와의 관계에서 손상을 입혔을지도 모릅니다(사 1:15; 벧전 3:7). 기도할 때에 하나님은 당신이 듣기를 원하시는데 당신이 너무 말을 많이 했을지도 모릅니다. 하나님의 침묵은 그분께서 당신에게 말씀하시는 강력한 때입니다.

하나님은 하나님이십니다. 그분은 하나님이시기 때문에 그분이 말씀하실 때에 주의 깊게 듣고 적극적으로 반응하길 기대하십니다. 그분은 조롱을 당하지 않으십니다(갈 6:7). 요나의 예를 보겠습니다. 그는 하나님이 그에게 주신 임무를 좋아하지 않았습니다. 하나님께서 그에게 고국을 떠나 적대적이고 악한 우상 숭배의 중심지인 원수의 도시 니느웨로 가라고 명하셨습니다. 거기서 요나는 하나님의 다가오는 심판에 대해 경고하고 그들에게 회개를

촉구해야만 했습니다.
히브리인들은 니느웨 사람들을 미워했습니다. 그래서 이 선지자는 그가 좋아하는 다른 말씀을 하나님께서 주시길 바라면서 반대 방향으로 도망했습니다. 하나님은 요나가 온전히 말씀에 순종하길 원하셨습니다(사 55:10-11). 하나님께서 두 번째로 요나에게 하신 말씀은 첫 번째 말씀과 같았습니다. 그렇지만 그 사이에 요나는 폭풍을 만나 사흘 동안 물고기 뱃속에 있어야 했습니다. 이번에 그는 하나님의 음성을 듣고 그분의 명령을 행할 준비가 되었습니다.

또한 하나님은 선지자 예레미야에게 두 번 말씀하셨습니다(렘 33:1-3). 그런데 예레미야는 하나님께서 그에게 처음 말씀하실 때에 이를 받아들였습니다. 하나님께서 두 번째 말씀하신 내용은 예레미야에게 첫 번째 말씀하신 것을 더 자세하게 계시하시기 위함이었습니다.

하나님께서 다음에 우리에게 말씀하시는 것은 우리에게 하신 그분의 이전 말씀에 우리가 어떻게 반응했는지에 달려 있습니다. 만일 요나처럼 우리가 그분이 앞서 하신 명령에 불순종한다면 하나님은 두 번째에도 그 명령을 하실 것입니다. 만일 우리가 예레미야처럼 그분의 첫 번째 명령에 순종했다면 하나님은 우리에게 새롭고 더 깊은 그분의 뜻을 가르쳐 주실 것입니다(마 25:23).

만일 하나님께 아직 새로운 말씀을 받지 못했다면 하나님이 당신에게 하신 이전 명령으로 돌아가 당신의 순종을 점검하십시오. 주님께서 아직도 당신의 순종을 기다리고 계십니까? 예레미야처럼 되길 추구하십시오. 당신의 주님이 처음에 지시하신 것에 제대로 응답하십시오.

1. 가장 최근에 하나님께서 당신에게 말씀하신 때는 언제였습니까?

2. 가장 최근에 하나님께서 당신에게 계시하신 것은 무엇이었습니까?

3. 당신은 하나님의 지시에 어떻게 응답했습니까?

4. 오늘 읽은 문장이나 성경 중에서 가장 의미심장한 것은 무엇이었습니까?

5. 그 문장이나 성경 구절을 하나님께 드리는 반응의 기도문으로 바꿔 보십시오.

6. 하나님은 당신이 무엇을 하길 원하십니까? 오늘의 학습과 연관지어 생각해보세요.

지금 나는 하나님을 어떻게 경험하고 있는가?

본 여백을 이용하여 하나님을 경험하는 삶에 대한 일지를 쓰십시오.
특별히 '하나님은 성령님에 의해 성경, 기도, 환경과 교회를 통해서 자기 자신과 목적과 길을 말씀하십니다'는 실체 4을 가지고 쓰십시오.

그룹 세션– 실체4

하나님은 성령님에 의해 성경, 기도, 환경과 교회를 통해서 자기 자신과 목적과 길을 말씀하십니다.

시작하기

복습과 기도로 시작하십시오. 지난주에 출애굽기 3장 7-10절을 공부하면서 토론한 진리들을 요약해 달라고 자원자에게 부탁하십시오.

하나님께서 이번 시간에 분명히 말씀하심으로써 그분 자신과 그분의 목적, 그분의 길들을 그룹원들의 삶 가운데 계시해달라고 간구하십시오.

읽기와 반응하기

성경본문과 실체 4를 공부하십시오. 그리고 오늘의 읽기에는 하나님과 모세 사이의 대화 내용을 다 알기 위해 지난 두 세션의 말씀들이 포함된다는 사실을 설명하십시오.

출애굽기 3장 1-22절을 소리 내어 읽으십시오.

출애굽기 3장 1-22절에 나오는 실체 4의 예들을 토론하기 위해 다음 질문들을 사용하십시오. (필요하다면 83페이지의 실체 4에 대한 개요를 참고하십시오)

1. 하나님은 모세에게 말씀하시고 싶어 하실 때에 처음에 어떤 상황으로 모세의 관심을 끄셨습니까? (2-4절)

2. 하나님은 자신에 대해 구체적으로 무엇을 계시하셨습니까? (5–6, 14절)

3. 하나님은 자신의 목적들에 대해 구체적으로 무엇을 계시하셨습니까? (7–10절).

4. 하나님은 이 목적들을 달성하기 위해 그분의 길들에 대해 무엇을 계시하셨습니까? (12, 15–22절).

5. 하나님께서 모호한 감정이나 관심이 아니라 구체적으로 분명하게 모세에게 말씀하신다는 사실이 이 말씀 구절에서 어떤 증거로 나타납니까?

복습하기

실체 4에 대해 매일 읽은 글들의 주제들과 연관 지어 개인적 차원에서 토론을 계속하십시오. (이 질문들을 가이드로 삼되 매일 읽은 글들에 대한 반응으로 취한 어떤 행동들이나 의미 있는 문장들에 대해 자유롭게 토론하십시오)

제1일

6. 과거에 당신은 어떤 방식으로 하나님의 음성을 경험했습니까?

7. 하나님께서 어떤 특정한 방식으로 말씀하실 것이라 기대하기 때문에 당신은 하나님의 존재보다는 방법들을 신뢰한 적이 있습니까?

제2일

8. 하나님의 말씀을 묵상하며 그분의 음성을 듣기 위해 당신이 정기적으로 확보한 시간은 언제입니까?

9. 가장 최근에 성경을 읽다가 찔림을 받은 내용은 무엇이었습니까?

10. 그와 같은 불편함에 대해 당신은 어떻게 반응했습니까?

제3일

11. 최근에 무엇을 위해 기도하시고 계십니까?

12. 당신은 어떤 기도 응답을 경험하셨습니까?

13. 당신은 언제 하나님께서 기도를 통해 당신을 변화시키신다는 사실을 깨달았습니까?

제4일

14. 당신은 어떤 식으로 하나님의 비범한 임재를 경험했습니까?

15. 하나님께서 겉으로 보기에 평범한 상황을 통해 당신의 인생방향을 급격하게 바꾸신 때는 언제입니까?

제5일

16. 하나님께서 침묵하시는 것처럼 보인 때가 언제였습니까?

17. 침묵하시는 동안 하나님은 무엇을 계시하셨습니까?

하나님을 경험하는 삶의 간증들

이 기회를 이용해 당신이 하나님을 경험한 방식들을 나누십시오.

18. 이번 주간에 당신은 하나님을 어떻게 경험하셨습니까?

19. 하나님은 언제, 어디서, 어떻게 성경, 기도, 환경, 교회를 통해 성령으로 당신에게 말씀하셨습니까?

20. 하나님은 자신에 대해, 그분의 목적에 대해, 그분의 길에 대해 무엇을 계시하셨습니까?

마무리하기

다음의 마지막 생각을 읽고 기도로 본 세션을 마치십시오.

당신은 무언가가 당신 자신의 생각이 아닌
하나님에게서 온 것임을 어떻게 알 수 있습니까?
모세처럼 하나님이 말씀하실 때에
당신은 그분이 하나님이심을 알게 될 것입니다.
당신은 그분이 무엇을 말씀하시는지 알 것입니다.
그리고 당신은 하나님께서 당신이 무엇을 하길
원하시는지를 알게 될 것입니다.
하나님의 음성과 뜻을 너무 복잡하게 생각하지 마십시오.

다음 주에 우리는 "하나님의 부르심은 항상 당신을 믿음의 갈등으로 몰아넣고, 결단과 그에 따른 행동을 요구하십니다"는 실체 5를 논의할 것입니다.

실체 5

믿음의 갈등

하나님의 부르심은 항상 당신을 믿음의 갈등으로
몰아넣고, 결단과 그에 따른 행동을 요구하십니다.

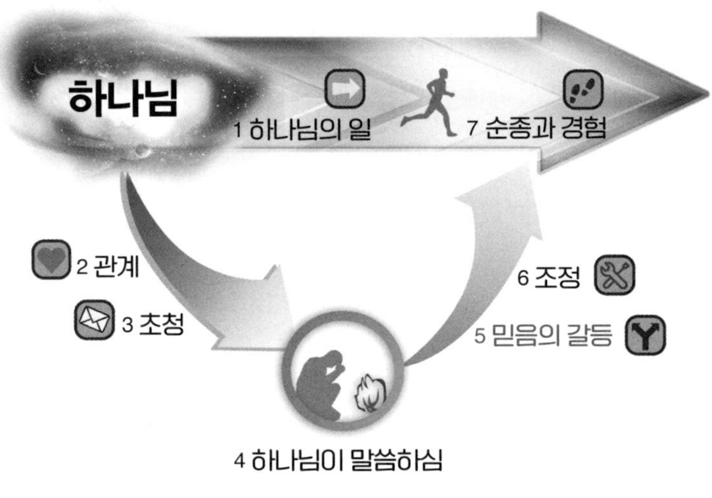

하나님은 자신이 참으로 누구인지를 세상이 알기를 원하십니다. 그분이 당신을 불러서 그분의 일에 참여시키는 것은 단지 당신이 할 수 있는 것을 사람들에게 보여주려고 하시는 것이 아닙니다. 그분은 당신을 부르셔서 그분의 거룩한 개입이 없으면 이룰 수 없는 임무를 맡기십니다. 하나님의 임무는 하나님 크기의 차원을 지닙니다. 이것은 하나님께서 겉으로 보기에 평범하고 지루한 임무를 맡기신다는 말이 아닙니다. 오히려 하나님께서 어떤 일에 개입하실 때에 거기에는 언제나 영원하고 거룩한 차원과 의미와 가능성이 있습니다.

하나님께서 당신이 할 수 없는 일을 하라고 부탁하실 때에 당신은 믿음의 위기에 직면하게 됩니다. 당신은 하나님에 대해 정말로 믿고 있는 것이 무엇인지 결정해야 합니다. 하나님께서는 하시고자 하는 일을 당신을 통해 하실 수 있다고 말씀하실 수 있습니다. 그분의 초청에 응답하는 방식은 당신이 무슨 말을 하는 것과 상관없이 하나님에 대한 당신의 참된 믿음이 무엇인지를 보여주는 것입니다.

하나님께서 모세에게 함께 일하자고 초청했을 때에 모세에겐 믿음과 행동을 요하는 믿음의 위기가 왔습니다. 모세는 하나님께 그렇게 해서는 안 되는 많은 반대 의견을 제시했습니다. 각 경우에 그는 자신의 능력을 의심하기보다는 하나님의 능력을 더 의심했던 것입니다. 결국 하나님은 모세를 설득하셔서 이스라엘을 노예상태에서 해방하는 일에 참여시키셨습니다(출 4:1-17).

너무나 많은 사람들이 바로 여기서 자신들을 통해 역사하시는 하나님의 전능하신 능력을 경험하지 못하게 됩니다. 사람들은 모든 일이 어떻게 이뤄질지 정확히 알지 못하면 앞으로 나아가려 하지 않습니다. 그들은 믿음으로가 아니라 보이는 것으로 하나님과 동행하길 원합니다. 그러나 하나님을 따르려면 당신은 믿음으로 행해야 합니다. 왜냐면 믿음이 없이는 하나님을 기쁘시게 하는 것이 불가능하기 때문입니다(히 11:6). 믿음(faith)은 단순히 믿는 것(belief) 이상을 말합니다. 성경적인 믿음은 항상 행동을 요구합니다(약 2:14-17). 하나님은 당신이 단지 그분이 말씀하신 것을 믿기만 하는 걸 원치 않으십니다. 그분은 당신이 그분이 명령하신 것을 순종하길 원하십니다. 하나님의 모든 약속과 초청에 믿음과 행동으로 반응하지 않으면 당신에게 무의미합니다.

제1일

영적 씨름

시험에 들지 않게 깨어 있어 기도하라
마음에는 원이로되 육신이 약하도다
막 14:38

우리는 하나님께서 우리를 통해 행하길 원하시는 것보다 훨씬 작은 것에 만족할 때가 너무 많습니다. 예레미야 32장 27절에서 우리는 "나는 여호와요 모든 육체의 하나님이라 내게 할 수 없는 일이 있겠느냐"라는 말씀을 읽습니다. 그런데 우리는 이 말씀에 "그렇습니다, 주님"이라고 대답합니다. 그러나 우리가 어려운 상황에 직면하면 우리는 하나님에 대한 믿음을 제한하고 하나님이 하실 일에 대한 기대들을 낮추기 시작합니다.

성경에서 하나님이 수천 년 전에 기적을 행하시고 심지어 주변 친구들의 삶 속에서 기적을 행하실 수 있다는 것을 믿는 것과 그분이 우리의 삶에서 무엇을 행하기로 결정하시든 그것을 행하실 수 있다고 온전히 믿는 것은 상당히 다른 문제입니다.

전능하신 하나님께서 우리에게 말씀하실 때에 우리가 무슨 말을 하든 상관없이 우리가 취하는 행동이 그분에 대한 우리의 믿음이 무엇인지를 보여줍니다. 하나님은 역사상 가장 위대한 출애굽을 지휘하시겠다는 그분의 계획을 모세에게 계시하셨고 그분은 이 일을 성취하기 위해 모세를 사용하고 싶어 하셨습니다. 그러나 모세는 하나님과 논쟁하며 반응하였습니다. 모세는 자신이 들은 것에 압도되어 그가 하나님의 일에 참여할 수 없는 이유들을 변명하기 시작했습니다. 모세는 하나님의 능력에 대한 자신의 믿음을 즉시 인정해야 했지만 오히려 하나님께서 자신을 통해 그분의 기적을 이루실 수 있다는 사실을 믿지 않았습니다. 모세가 하나님과 논쟁함으로써 그의 사역은 여생 동안 제한을 받았습니다(출 4:10-16).

때로 당신의 영이 당신의 육체를 다스려야 합니다. 당신의 영은 주님께서 당신이 행하길 원하시는 것을 알지만 당신의 육체는 안락함을 추구하라고 외칠 것입니다. 때로는 잠자는 것을 거부해야 할 때가 있습니다. 왜냐면 그런 시간에 휴식하는 것이 재앙이 될 수 있기 때문입니다.

주님께서 당신에게 "깨어 기도하라"고 명하실 때에 당신이 순종하는 것은 너무 중요합니다(막 14:38). 예수님께서 겟세마네 동산에서 기도하실 때에 주님은 그분의 사역의 정점이 빠르게 다가오고 있다는 것을 아셨습니다. 주님은 지옥의 군대가 그분을 무찌르기 위해 힘을 모으고 있다는 것을 아셨습니다. 주님의 가장 가까운 제자들이 그분을 도와 기도해야 할 아주 중요한 때가 바로 그때였습니다.

예수님은 제자들에게 본인의 마음이 심히 괴로워 죽게 되었다고 말씀하셨습니다. 분명 그들은 주님의 목소리에 담긴 심각성과 그분에게서 느껴지는 긴박함을 감지하고 주님이 요구하시는 바를, 즉 순종하여 기도에 힘써야 했습니다. 그러나 그들은 잠이 들고 말았습니다. 아무 변명도 할 수 없었습니다. 그들은 인류 역사상 가장 중요한 순간에 잠이 들었고 그것도 한 번이 아니라 세 번이나 잠이 들었습니다!

예수님은 당신에게 지금 그분이 하고 계신 일에 동참하라고 청하십니다. 주님은 아마 한 시간 동안 깨어 기도하라고 청하실지 모릅니다. 당신은 주님과 함께 기도하기 위해 육신의 필요와 갈망을 거절해야 할지 모릅니다. 당신은 침대와 집의 안락함을 떠나야 할지 모릅니다. 심지어 예수님이 계신 곳에 있기 위해 당신의 안전을 희생해야 할지 모릅니다. 모든 육신의 갈망을 성령의 통제 하에 두십시오. 그리하면 그 어떤 것도 예수님이 당신에게 요구하시는 것을 이루는 일을 방해할 수 없습니다.

당신이 지금까지 경험한 것보다 훨씬 더 많은 것을 하나님께서 당신의 삶을 통해 행하길 원하신다는 것을 느끼십니까? 하나님께 그것이 무엇인지 보여 달라고 간구하십시오. 그리고 그분이 당신에게 말씀하시는 바를 믿음과 행함으로 반응할 준비를 하십시오.

1. 현재 당신은 어떤 결단을 내리기 위해 씨름하고 있습니까? 왜 씨름하고 있습니까?

2. 당신이 망설이고 변명하는 것은 하나님을 믿는 당신의 신앙에 있어서 무엇을 드러냅니까?

3. 당신은 당신의 육신을 당신의 영에 어떻게 복종시키겠습니까?

4. 오늘 읽은 문장이나 성경 중에서 가장 의미심장한 것은 무엇이었습니까?

5. 그 문장이나 성경 구절을 하나님께 드리는 반응의 기도문으로 바꿔 보십시오.

6. 하나님은 당신이 무엇을 하길 원하십니까? 오늘의 학습과 연관지어 생각해보세요.

제2일

어렵지 않지만 선택해야 한다

내가 오늘 네게 명령한 이 명령은
네게 어려운 것도 아니요 먼 것도 아니라
신 30:11

기독교인의 삶은 어렵지 않습니다. 완전하고 순종적이며 죄 없는 삶을 사신 그 동일하신 그리스도께서 이제 당신을 통해 다시금 그 삶을 살아내실 준비 태세를 갖추고 계십니다(갈 2:20). 하나님의 뜻은 분별하기가 어렵지 않습니다. 그분은 우리에게 그분의 뜻을 계시한 성경을 주셨고 그분의 성령을 우리 안에 두셔서 모든 상황에서 우리를 그분의 완벽한 뜻 가운데로 인도하십니다(요 16:13). 우리의 가장 큰 도전 과제는 하나님이 계시하시는 대로 그분의 뜻에 순종하며 따르기 위해 우리의 삶을 온전히 드리는 것입니다.

모세는 약속의 땅에 들어가기 전에 이스라엘 백성을 모았습니다. 하나님은 그분께 순종하기 위해 그들이 무엇을 해야 하는지를 설명해 주셨고 자세한 지시사항도 알려주셨습니다. 이는 그들이 하나님께서 그들에게 기대하시는 것이 무엇인지를 오해하지 않도록 하기 위함이었습니다. 그런 뒤에 하나님은 그들에게 선택하라고 청하셨습니다. 만일 그들이 순종하기로 선택하면 그들은 그분의 축복을 받을 것입니다.

하나님의 말씀은 당신에게도 이와 동일하게 임하십니다. 이는 너무 어려워 이해하지 못할 내용이 아닙니다. 문제는 당신이 어떻게 반응할 것인가 하는 것입니다. 성경 어디에도 하나님의 명령이 너무 모호하거나 복잡하다는 이유로 불순종하는 것을 하나님께서 예외시켜주신 적은 없으십니다. 사람들이 정죄를 받은 것은 하나님이 그들에게 원하신 것이 무엇인지 정확히 알았지만 순종하지 않기로 선택했기 때문이었습니다. 하나님은 그분의 성령을 통해 언제나 당신에게 충분한 계시와 힘을 주셔서 다음 단계를 밟을 수 있게 하십니다. 만일 하나님께서 당신에게 요구하시는 것이 무엇인지 잘 모르겠다면 현재 당신이 알고 있는 모든 것에 다 순종하도록 하십시오. 당신의 순종을 통해 하나님께서 내리실 다음 지시사항이 분명해질 것입니다.

당신의 삶은 당신이 하나님께 대해 내린 반응들의 집합체입니다. 일단 하나님께서 자신을 당신에게 알리시면 당신은 다음에 무엇을 해야 할지를 결정해야 합니다. 당신의 반응은 하나님에 대해 당신이 무엇을 믿고 있는지를 반영합니다. 부자 청년 관원은 도덕적인 삶을 살았습니다. 그는 성경과 하나님의 율법을 잘 알았습니다. 하지만 예수님의 초청에 대한 그의 반응은 그가 하나님의 가르침에 대해서는 많은 지식을 가지고 있었지만 믿음의 반응을 통해 보여주는 실천적인 면에서는 하나님을 알지 못했다는 것을 분명히 보여줬습니다(마 19:16-22).

하나님께서 당신을 그분의 일에 동참하도록 초청하실 때에 당신은 언제나 믿음과 행동을 요하는 믿음의 위기를 맞습니다. 하나님의 음성을 들을 때마다 당신은 선택을 해야 합니다. 이 진리는 당신의 기도 생활에 극적인 영향을 미칠 수 있습니다. 기도할 때마다 당신은 하나님께서 당신의 기도에 응답하셔서 그분의 뜻을 당신에게 나타내신다는 사실을 인식해야 합니다. 그리고 이러한 사실은 당신이 즉각적으로 당신의 삶을 재조종할 것을 요구합니다. 성경을 읽을 때마다 당신은 하나님께서 당신에게 말씀하시는 것을 순종할 준비가 되어 있어야 합니다.

왜 하나님은 모세를 그렇게 의미 있게 쓰셨습니까? 그리고 젊은 부자 관원처럼 다른 사람들은 왜 그렇게 쓰임을 받지 못했습니까? 선택 때문입니다! 모세는 믿기로 선택했고 그는 신실한 행동으로 그 믿음을 입증했습니다. 젊은 부자 관원은 순종할 수 없었습니다. 성경은 우리에게 "그가 근심하며 가니라"고 말합니다(22절). 당신도 부자 청년과 동일한 질문에 직면해 있습니다. 당신은 그리스도의 초청에 긍정으로 답하시겠습니까? 당신은 예수님을 따르고 당신의 삶의 모든 일에 있어서 그분을 신뢰하시겠습니까? 하나님께서 당신에게 지금 선택하라고 청하고 계십니다.

1. 당신의 삶의 어떤 부분에서 당신은 하나님의 뜻을 너무 복잡하게 만들거나 아니면 그분이 당신에게 원하시는 것이 무엇인지 혼동되는 삶의 부분은 무엇입니까?

2. 성경에서 당신이 지금까지 무시하거나 아니면 순종하지 못하고 있는 명령은 구체적으로 무엇입니까?

3. 당신이 예수님께 순종하는 것을 선택하기 위해 계속해서 자신을 상기시킬 수 있는 방법은 무엇입니까?

4. 오늘 읽은 문장이나 성경 중에서 가장 의미심장한 것은 무엇이었습니까?

5. 그 문장이나 성경 구절을 하나님께 드리는 반응의 기도문으로 바꿔 보십시오.

6. 하나님은 당신이 무엇을 하길 원하십니까? 오늘의 학습과 연관지어 생각해보세요.

제3일

믿음 없음을 도우소서!

곧 그 아이의 아버지가 소리를 질러 이르되
내가 믿나이다 나의 믿음 없는 것을 도와 주소서 하더라
막 9:24

대부분의 두려움은 미리 알 수 없기 때문에 비롯됩니다. 우리는 우리 앞에 무엇이 놓여 있는지 모릅니다. 그래서 우리는 걱정합니다. 우리는 상상의 나래를 펴서 문제를 확대하여 대처할 수 없을 지경에까지 이르게 합니다. 우리에게는 사물을 올바른 관점에서 볼 수 있는 건강한 마음이 필요합니다. 그래서 하나님께서는 우리에게 그분의 성령을 주셨습니다. 그래서 우리는 하나님이 보시는 것처럼 상황을 볼 수 있습니다.

두려움은 하나님께 불순종하는 변명이 될 수 없습니다. 당신 안에 전능하신 성령의 임재가 있는데 두려움 속에서 살아야 할 이유가 없습니다. 두려움은 당신을 노예로 삼지만 그리스도는 당신을 해방시키러 오셨습니다. 하나님께서 현재 당신이 겪고 있는 두려움에서 해방시켜 주시고 당신의 눈을 열어주시도록 간구하십시오. 그분께서 당신의 상황의 실체를 계시하실 때에 당신은 그분을 통해 계속해서 순종할 수 있을 것입니다.

믿음은 현실에 기반을 둡니다. 두려움은 우리가 모르는 것에서 생기지만 믿음은 우리가 아는 것에 기반을 둡니다. 다른 말로 하면 믿음은 신뢰입니다. 그것은 우리가 모르는 것 한가운데서 당신이 아는 누군가를 혹은 뭔가를 신뢰하는 것입니다. 우리는 무지함 속에서 무모하게 살지 않습니다. 우리는 우리에게 소중한 뭔가를 가지고 다른 사람을 신뢰하기 전에 먼저 우리는 그들이 신뢰할만한지 아닌지를 알아보려 합니다.

어느 아버지가 자기 아들을 고치기 위해 예수님께로 와서 간청했습니다. 그의 아들은 어린 시절부터 귀신이 들렸습니다. 아버지는 예수님을 잘 몰랐지만 그분에 대해 들으면서 자기 아들에게 소망이 있다면 예수님에게 있다는 확신을 갖게 되었습니다. 그는 필사적으로

예수님께 도와달라고 소리쳤습니다. 그가 예수님에게 기대한 반응은 자기 아들을 고치는 것이었습니다. 필사적인 아버지는 자기 믿음에 대해 갈등했지만 자기 문제를 가지고 예수님을 제대로 찾아갔습니다.

당신이 믿음으로 갈등을 겪는 때가 있다면 그리스도를 피하거나 부끄러워할 필요가 없습니다. 당신이 예수님께 가지 않는다면 자신의 믿음을 결코 키울 수 없을 것입니다. 오히려 예수님은 당신의 믿음을 돕길 원하십니다. 주님은 당신의 필요를 채우실 수 있을 뿐만 아니라 그분을 신뢰하고 그분이 공급하신다는 믿음을 주실 것입니다.

하나님께서 당신의 필요를 채워주실 수 있다는 사실을 믿는 것에 갈등이 있다면 그것은 당신에게 행하길 원하시는 하나님을 당신이 모르기 때문입니다. 이제 하나님께로 가서 당신이 앞으로 직면하게 될 모든 필요를 그분이 채워주실 수 있다는 것을 확신하게 해달라고 간구하십시오. 하나님의 강력한 능력을 그리스도인의 삶에 풀어지게 하는 것은 믿음입니다(히 11:32-35).

하나님은 당신이 모든 상황에서 믿음으로 그분을 충분히 신뢰하고 순종할 때까지 그분에 대한 이해가 자라길 원하십니다(막 9:23-25). 당신이 의심을 버리겠다는 진심어린 결단을 하고 하나님께 다가가는 순간 하나님은 그분의 신실함을 당신에게 확신시켜 줄 수 있는 계시를 통해 당신의 의심을 제거하실 것입니다.

예수님의 제자 중 한 사람이 믿음에 대해 갈등할 때에 예수님은 자신을 계시하심으로써 모든 의심을 사라지게 하셨습니다(요 20:27-28). 하나님의 임재 안에서 비로소 당신 자신의 부족한 믿음을 해결할 수 있습니다. 그분은 자신을 계시하심으로써 당신이 가지고 있는 모든 의심을 제거하십니다. 예수님은 제자들에게 이와 같이 행하셨습니다(마 8:26). 주님은 제자들과 지속적이고 성장하는 관계를 가지셨습니다. 예수님은 가르침을 비롯해 작은 기적, 큰 기적, 부활을 보여주셨습니다. 예수님은 세상의 구속이 그분을 믿는 제자들의 믿음에 달려 있다는 것을 아셨습니다. 하나님은 당신 주변의 사람들의 삶 가운데서 어떤 일을 행하려 하실까요? 그 일로 인해 당신은 하나님을 믿게 되고 당신의 의심들은 사라질 것입니다.

1. 당신의 의심이나 질문을 숨기지 마십시오. 그것들을 예수님께 드리십시오. 하나님과 그분의 선하심 혹은 그분의 능력을 믿는데 있어서 어떤 갈등을 가지고 있습니까?

2. 당신이 두려워하거나 염려하는 영역들을 구체적으로 적어 보십시오. 그리고 이에 대해 걱정하는 대신에 예수님께 맡겨야 할 것들을 구체적으로 확인해보십시오.

3. 오늘 읽은 문장이나 성경 중에서 가장 의미심장한 것은 무엇이었습니까?

4. 그 문장이나 성경 구절을 하나님께 드리는 반응의 기도문으로 바꿔 보십시오.

5. 하나님은 당신이 무엇을 하길 원하십니까? 오늘의 학습과 연관지어 생각해보세요.

제4일

산만함을 피하라

베드로가 돌이켜 예수께서 사랑하시는 그 제자가 따르는 것을 보니…
이에 베드로가 그를 보고 예수께 여짜오되 주여 이 사람은 어떻게 되겠사옵나이까
요 21:20-21

하나님께서 당신에게 말씀하신 후에 제일 먼저 해야 할 일은 매우 위태롭습니다. 예수님은 베드로에게 그가 어떤 사역을 하고 어떤 죽음을 맞이할 것인지를 말씀하셨습니다(요 21:18-19). 그것은 베드로의 생애에 있어서 거룩한 순간이었습니다. 왜냐면 주님께서 그의 미래에 대한 커튼을 여셨기 때문입니다. 그의 인생은 쉽지 않겠지만 그럼에도 불구하고 그는 주님에게서 위임과 축복을 받을 것입니다.

베드로는 주님이 그에게 하신 말씀에 반응하기 보다는 그의 주변 제자들을 살폈습니다. 그의 시선이 예수님이 사랑하신 요한에게 머물렀습니다. "주여, 이 사람은 어떻게 되겠사옵나이까"라고 베드로가 물었습니다(21절). 베드로는 방금 미래의 자기 죽음에 대해 엄중한 경고를 들었습니다. 그리고 그는 자연스럽게 자기의 임무를 요한의 임무와 비교했습니다. 이것이 하나님의 종들이 저지를 수 있는 커다란 유혹입니다. 그것은 우리의 상황을 다른 사람들의 상황과 비교하는 것입니다. 하나님은 내 친구에게 더 큰 집을 주셨는가? 하나님은 내 친구가 사랑하는 자를 고쳐주셨는데 왜 내가 사랑하는 자는 고쳐주지 않으셨는가? 하나님은 내 친구가 사역을 통해 인정과 칭찬을 받게 하셨는데 왜 나는 무명으로 남게 하셨는가? 하나님은 어떤 그리스도인으로 하여금 가족과 친하게 지내도록 하셨는데 왜 나는 가족에게서 멀어지게 하셨는가?

예수님은 베드로와 요한에게 서로 다른 길을 걷도록 하셨지만 그들은 모두 넉넉한 삶을 살았습니다. 예수님은 종이 주인에게서 눈을 떼어 동료에게 집중할 때에 그것이 얼마나 위험한지를 아셨습니다. 당신에게 유일하게 중요한 것은 하나님께서 당신을 불러 시키시는

일입니다. 다른 사람에 대한 그분의 계획이 더 좋아 보이거나 당신을 향하신 그분의 계획이 어려워 보이든 아니든 그것은 중요하지 않습니다.

당신이 경험한 것이 아무리 두렵고 무섭다고 할지라도 하나님의 사랑에서 당신을 끊을 수 없습니다(롬 8:35-39). 당신이 겪는 환란과 곤고함이 아무니 클지라도 당신을 향한 하나님의 사랑은 그보다 더 뜨겁습니다. 너무 고통이 커서 하나님의 사랑으로 위로가 될 수 없는 그런 고통은 있을 수 없습니다. 기근으로 음식이 없어 굶을지라도 당신은 하나님의 사랑의 기근은 결코 겪지 않을 것입니다. 가난하다 할지라도 그로 인해 하나님의 긍휼을 빼앗길 수는 없습니다. 심지어 죽음도 하늘 아버지의 무한한 사랑을 당신에게서 빼앗을 수 없습니다.

만일 하나님의 사랑을 상황에 근거하여 판단하는 관점을 가진다면 당신은 혼란스러울 것입니다. 그럴 때에 당신은 "사랑의 하나님께서 어떻게 이런 상황을 내게 허락하실 수 있단 말인가?"라고 질문할지 모릅니다. 당신은 하나님께서 말씀을 통해 분명히 언급하신 것에 의문을 품을지 모릅니다. 하나님은 당신이 결코 그분의 사랑에서 끊어지지 않을 거라고 약속하셨습니다. 그분은 당신이 절대로 고난과 핍박, 가난이나 위험을 겪지 않을 거라고 말씀하지 않으셨습니다. 만일 하나님께서 당신을 사랑하시는데 어려운 일들을 허락하실 수 있는지에 대해 의심이 간다면 예수님의 생애를 생각해 보십시오. 만약 당신에게 영원한 생명을 주시기 위해 십자가에서 죽으신 예수님의 죽음을 받아들여 하나님의 사랑에 대한 의심을 해결한다면 당신은 어려운 상황에서도 확신을 가지고 반응할 것입니다.

하나님의 완전한 사랑에서 당신을 끊어낼 수 있는 것이 결코 없다는 것을 알게 되면 당신은 하나님께서 각각의 상황에서 그분의 사랑을 어떻게 표현하시는지를 보고 알게 될 것입니다. 하나님의 사랑을 상황에 근거하여 판단하거나 다른 사람들의 상황과 절대 비교하지 마십시오. 대신에 당신의 상황을 하나님의 사랑의 관점에서 평가하십시오. 당신의 초점이 어디에 있습니까? 당신은 하나님께서 당신과 관계를 맺는 방식보다 하나님이 다른 사람을 대하시는 방식에 더 관심을 두고 있습니까?

1. 당신의 상황과 다른 사람들의 삶을 비교할 때에 당신은 구체적으로 어떤 방식으로 비교했습니까? 그러한 비교가 얼마나 예수님에게서 멀어지게 하고 그분의 일에 집중하는 대신에 산만해지며 그분이 주시는 기쁨을 잃게 하였습니까?

2. 가장 어려운 상황에서도 당신을 향하신 하나님의 사랑이 더 크다는 약속이 어떻게 당신에게 소망과 확신을 주었습니까? (롬 8:35-39) 어떻게 하면 이 약속을 통해 당신은 당신의 상황 대신에 예수님에게 계속해서 초점을 맞출 수 있습니까?

3. 오늘 읽은 문장이나 성경 중에서 가장 의미심장한 것은 무엇이었습니까?

4. 그 문장이나 성경 구절을 하나님께 드리는 반응의 기도문으로 바꿔 보십시오.

5. 하나님은 당신이 무엇을 하길 원하십니까? 오늘의 학습과 연관지어 생각해보세요.

제5일

하나님은 신실하시다

너희를 부르시는 이는 미쁘시니 그가 또한 이루시리라
살전 5:24

하나님은 그분의 말씀을 신실하게 지키시지 않거나 우리에게 그 일을 행할 수 있는 능력을 주시지 않으면서 우리를 불러 일을 시키지 않으십니다. 우리는 하나님께서 우리에게 명하신 일을 언제나 신실하게 행하지 못하지만 그분은 언제나 신실하시고 그분이 약속하신 것을 성취하시기 위해 항상 그분의 말씀을 지키십니다(사 46:11).

이스라엘 자녀들이 홍해에 도착했을 때에 그들은 하나님께서 그들에게 하신 약속을 저버리셨다는 결론을 내렸습니다. 바다가 가로막혀 그들은 더 이상 전진할 수 없었고 살기등등한 애굽 군대는 그들을 잡으려 달려오고 있었습니다(출 14:9-10). 그러나 그때에 하나님은 언제나 그러셨던 것처럼 그분께서 자녀들에게 하신 모든 말씀을 신실하게 지키신다는 것을 입증하셨습니다.

자신의 생을 마감하면서 여호수아는 이스라엘 백성과 함께 시간을 내어 그들이 처음 하나님을 따르기 시작한 이래로 하나님께서 그들을 위해 행하신 모든 것을 돌아보았습니다. 하나님은 그들에게 불가능한 임무를 주셨습니다. 그것은 요새화된 도시들과 그들보다 더 강한 군대로 무장한 적대적인 이방의 땅을 점령하는 것이었습니다. 이스라엘 백성은 하나님께서 그들과 함께 가실 것이며 그들을 돌보실 것이라는 그분의 약속만을 가지고 전진해야 했습니다. 이제 여호수아는 과거의 경험들을 회상하며 이스라엘 백성에게 하나님께서 모든 약속을 지키셨다는 사실을 일깨웠습니다. 그들은 수많은 승리를 경험했고 필요할 때마다 하나님의 공급하심을 누렸습니다(수 24:1-28).

하나님은 어떤 특별한 일 – 즉 당신 교회에서의 어떤 사역, 당신 자녀의 양육 방식 혹은 당신 직업에 대한 방향 지시 등 –에 대해 당신에게 말씀하셨을지 모릅니다. 당신은 그분께 순종했지만 지금 홍해와 같은 경험을 합니다. 당신은 하나님이 성취하기 원하셨던 일이 일어나고 있지 않다고 생각할지 모릅니다. 아마도 당신의 사역이 잘 안되고 자녀들은 반항하며 동역자들이 당신의 행동을 비난하고 있을지 모릅니다.

하나님의 인격을 신뢰하십시오. 그분의 성품은 신실하십니다. 현 상황이 아무리 암울하다할지라도 소망을 잃지 마십시오. 하나님이 신실하지 않다는 것을 경험한 사람은 지금까지 아무도 없습니다. 하나님께서 그분의 신실하심을 당신에게 계시하시도록 허락하십시오. 언젠가 당신은 하나님께서 행하신 일을 묵상하면서 당신에게 온전히 신실함을 보이신 것에 대해 그분을 찬양할 것입니다.

때로 과거를 돌아보면 하나님께서 지금까지 얼마나 신실하셨는지를 분명히 알게 됩니다. 우리는 위기를 만날 때에 하나님께서 자신이 하신 약속들을 지키실지 의심하는 유혹을 받습니다. 우리가 문제들에 초점을 맞추면 하나님에 대한 신뢰는 요동치기 시작합니다. 아브라함과 사라에게 아들이 있을 거라고 약속하신지 24년이 지났지만 그들은 하나님의 약속의 성취를 여전히 기다렸습니다. 그러나 25년째 되던 해에 아브라함과 사라는 뒤를 돌아보고서 하나님께서 그때까지 신실하셨다는 것을 알 수 있었습니다. 다윗이 목숨을 위해 도망 다닐 때에 그는 자신을 왕으로 삼으시겠다는 하나님이 약속을 어떻게 지키실지에 대해 확신하지 못했을지 모릅니다. 그러나 다윗이 오랫동안 번영의 통치를 행한 후에 그는 뒤를 돌아보면서 하나님께서 모든 약속을 지키셨다는 것을 알 수 있었습니다.

당신도 하나님의 신실하심을 의지할 수 있습니다. 지금 위기 가운데 있습니까? 주님께서 당신에게 하신 약속들을 붙드십시오. 그분은 당신에게 하신 약속들을 잊지 않으실 것입니다. 당신의 신앙생활을 돌아보면서 하나님께서 그분의 말씀을 신실하게 지키신 많은 방법들을 다시 계수해 보십시오.

1. 하나님께서 기적적으로 개입하셔서 이룰 수 없었던 일을 당신을 통해 이루신 것은 무엇입니까?

2. 잠시 시간을 내어 과거에 있었던 하나님의 신실하심을 되돌아보십시오. 당시에는 깨닫지 못했지만 지나고 보니 하나님께서 도우신 것을 경험한 적이 있습니까? 과거에 하나님께서 당신에게 행하신 일이 당신의 미래에 어떻게 확신을 줍니까?

3. 당신의 현재 상황에 있어서 성경의 어떤 이야기가 가장 큰 위로를 줍니까? 성경의 인물 중에서 어떤 인물이 당신과 가장 관련이 깊습니까? 그 이유는 무엇입니까?

4. 오늘 읽은 문장이나 성경 중에서 가장 의미심장한 것은 무엇이었습니까?

5. 그 문장이나 성경 구절을 하나님께 드리는 반응의 기도문으로 바꿔 보십시오.

6. 하나님은 당신이 무엇을 하길 원하십니까? 오늘의 학습과 연관지어 생각해보세요.

지금 나는 하나님을 어떻게 경험하고 있는가?

본 여백을 이용하여 하나님을 경험하는 삶에 대한 일지를 쓰십시오. 특별히 '하나님의 부르심은 항상 당신을 믿음의 갈등으로 몰아넣고, 결단과 그에 따른 행동을 요구하십니다'는 실체 5를 가지고 쓰십시오.

그룹 세션– 실체5

하나님의 부르심은 항상 당신을 믿음의 갈등으로 몰아넣고, 결단과 그에 따른 행동을 요구하십니다

시작하기

복습과 기도로 시작하십시오. 지난주에 출애굽기 3장 1–22절을 공부하면서 토론한 진리들을 요약해 달라고 자원자에게 부탁하십시오.

이번 시간에 모든 그룹원들이 그분이 무엇을 계시하시든 간에 이에 대해 믿음과 행동으로 반응하게 해달라고 하나님께 간구하십시오.

읽기와 반응하기

성경본문과 실체 5를 공부하십시오. 출애굽기 4장 1–17절을 소리 내어 읽으십시오.

그리고 오늘 읽을 내용에는 하나님과 모세 사이의 대화 내용을 다 알기 위해 지난 두 세션의 말씀들이 포함된다는 사실을 설명하십시오.

출애굽기 4장 1–17절에 나오는 실체 5의 예들을 토론하기 위해 다음 질문들을 사용하십시오. (필요하다면 105페이지의 실체 5에 대한 개요를 참고하십시오)

1. 하나님께서 모세를 불러 시키신 일 중에 모세 자신의 능력으로는 불가능하거나 설명할 수 없는 임무들은 무엇이었습니까? (4:3–9, 11; 3:10–22)

2. 어느 점들에 있어서 모세는 그의 믿음의 위기를 명백하게 표현했습니까? (4:1, 10, 13; 3:11, 13)

3. 모세의 질문과 견해는 자신에 대해 무엇을 드러냅니까? 그가 경험한 모든 기적에도 불구하고 하나님의 능력에 대해 질문한 그의 믿음은 대해 무엇을 드러냅니까?

4. 소위 믿음의 영웅이라 불리는 사람들이 믿음의 위기에 처했을 때에 씨름하는 모습을 보면서 당신은 어떤 위로를 받습니까?

5. 모세는 반대했지만 하나님께서는 이를 어떻게 극복하시고 그로 하여금 믿음과 행동을 보이도록 만드셨습니까? (4:3-9, 11, 14-17)

6. 하나님께서 모세의 염려에 대해 반응하셨다는 단순한 사실 속에서 하나님의 어떤 성품이 드러납니까?

7. 하나님께서 인간적으로 불가능한 일들을 사람들이 행하도록 초청하신 성경에 나오는 예들 중에 당신은 어떤 예들이 기억에 남습니까?

복습하기

실체 5에 대해 매일 읽은 글들의 주제들과 연관 지어 개인적 차원에서 토론을 계속하십시오. (이 질문들을 가이드로 삼되 매일 읽은 글들에 대한 반응으로 취한 어떤 행동들이나 의미 있는 문장들에 대해 자유롭게 토론하십시오)

제1일

8. 현재 당신은 어떤 결단을 내리기 위해 씨름하고 있습니까? 왜 씨름하고 있습니까?

9. 당신이 망설이고 변명하는 것은 하나님을 믿는 당신의 신앙에 대해 무엇을 드러냅니까?

제2일

10. 당신 삶의 어떤 부분에서 당신은 하나님의 뜻을 너무 복잡하게 만들거나 아니면 그분이 당신에게 원하시는 것이 무엇인지 혼동되는 삶의 부분은 무엇입니까?

제3일

11. 당신의 의심이나 질문을 숨기지 마십시오. 그것들을 예수님께 드리십시오. 하나님과 그분의 선하심 혹은 그분의 능력을 믿는데 있어서 어떤 갈등을 가지고 있습니까?

제4일

12. 당신의 상황(아니면 모세의 말솜씨와 같은 능력들)과 다른 사람들의 삶(혹은 능력들)을 비교할 때에 당신은 구체적으로 어떤 방식으로 비교했습니까?

13. 가장 어려운 상황에서도 당신을 향하신 하나님의 사랑이 더 크다는 약속이 어떻게 당신에게 소망과 확신을 주었습니까? (롬 8:35-39)

제5일

14. 하나님께서 기적적으로 개입하셔서 당신을 통해 이루신 것은 무엇입니까?

15. 잠시 시간을 내어 과거에 있었던 하나님의 신실하심을 되돌아보십시오. 당시에는 깨닫지 못했지만 지나고 보니 하나님께서 도우신 것을 경험 한 적이 있습니까? 과거에 하나님께서 당신에게 행하신 일이 당신의 미래에 어떻게 확신을 줍니까?

하나님을 경험하는 삶의 간증들

이 기회를 이용해 당신이 하나님을 경험한 방식들을 나누십시오.

16. 이번 주간에 당신은 하나님을 어떻게 경험하셨습니까?

17. 당신은 언제 믿음의 위기를 경험했으며 이에 대해 믿음과 행동으로 어떻게 반응했습니까?

마무리하기

다음의 마지막 생각을 읽고 기도로 본 세션을 마치십시오.

하나님의 임무는 하나님 크기의 차원을 가지고 있습니다.
당신이 하나님에 대해 믿고 있는 것이 당신으로 하여금
안전지대를 벗어나지 못하게 한다면 아마도 그것은 하나님이 아닐 것입니다.
당신이 한 번도 구해본 적도 꿈꾸거나 상상해 본 적도 없는 그런 방식으로
하나님께서 당신을 사용하시도록 허락하십시오.

다음 주에 우리는 "당신은 하나님의 역사에 참여하기 위해서
당신의 인생을 하나님의 뜻에 맞게 조정해야 합니다"는 실체 6을 논의할 것입니다.

실체 6

조정

당신은 하나님의 역사에 참여하기 위해서
당신의 인생을 하나님의 뜻에 맞게 조정해야 합니다.

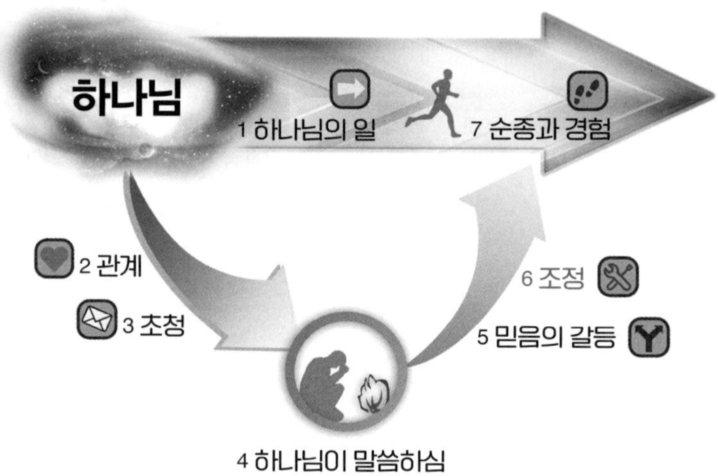

믿음의 위기와 더불어 많은 사람들이 하나님을 경험하지 못하게 되는 두 번째 장애는 조정의 필요성입니다. 당신의 현 위치에서 하나님이 계신 곳으로 가기 위해서 당신은 삶에서 의미심장한 조정들을 해야만 합니다. 이러한 조정들은 당신의 사고, 상황, 관계, 결단, 행동, 그리고 믿음과 관련이 있을지 모릅니다. 당신의 사고방식과 행동방식에서 하나님의 사고방식과 행동방식으로 옮겨가려면 근본적인 조정들이 요구됩니다. 당신의 현 위치에서 하나님과 함께 동행할 수는 없습니다.

모세는 하나님께서 하시는 일에 동참하기 위해서 자기 삶을 크게 조정해야 했습니다. 모세가 사막에 머물러 있다면 애굽의 바로 왕 앞에 설 수 없었습니다. 하나님은 "애굽으로 돌아가라. 목숨을 노리던 자가 다 죽었느니라"고 말씀하셨습니다. 그래서 모세는 그의 아내와 아들들을 나귀에 태우고 애굽으로 돌아갔습니다(출 4:19-20).

모세는 자기의 삶을 하나님께 맞추고 필요한 조정을 하기 위해서 하나님께서 하신다고 말씀하신 모든 것을 하실 수 있다는 확신을 가져야 했습니다. 그런 뒤에 모세는 자기 일터와 부족을 뒤로 하고 애굽으로 이주해야 했습니다. 그가 40년 전에 애굽에서 도망쳤을 때에 그는 탈주자 신분이었습니다. 바로의 궁정으로 돌아가는 것은 그에게 혹독한 처벌을 내릴 당국자들에게 투항하는 것과 마찬가지였습니다. 모세는 하나님께서 하신 말씀을 믿어야만 했습니다. 그렇지 않으면 모세의 생명은 커다란 위험에 봉착하게 됩니다.

이주하기로 결정한 후에 모세는 하나님께 순종해야만 했습니다. 그것은 그가 자기 힘으로 하나님을 위해 뭔가를 한다는 뜻이 아닙니다. 오히려 하나님이 모세를 통해 작정하신 것을 행하시는 것입니다. 모세는 손에 든 진흙과 같은 종이었으며 하나님께서 원하시는 대로 쓰시도록 하나님의 손에 자신을 계속해서 내어드렸습니다. 하나님은 평범한 목동인 모세를 통해 그분의 비범한 목적들을 이루셨습니다.

제1일

가라!

그러므로 너희는 가서 모든 민족을 제자로 삼아
아버지와 아들과 성령의 이름으로 침(세)례를 베풀고
마 28:19

우리 주님은 우리에게 가라고 명하십니다. 우리가 머물려면 그분의 허락을 득해야 합니다! 복음은 예수님께서 아버지 하나님의 우편을 떠나 갈보리로 가신 이야기입니다. 예수님은 그분의 제자가 되고 싶어 하는 사람들에게 자기 집과 안전지대를 떠나 그분을 따르라고 명하셨습니다(눅 9:57–58). 어떤 이들은 자기의 늙은 부모님을 아직 돌봐야 하기 때문에 아직 떠날 수 없다고 주장했습니다(59–60절). 또 다른 이들은 무엇보다 먼저 모든 일이 제대로 질서가 잡히길 원했습니다(61–62절). 예수님은 그분을 따르는데 갈등하는 자들의 변명을 받아주지 않으셨습니다. 주님을 따른다는 의미는 주님이 지시한 것을 그대로 따르는 것을 의미합니다.

우리는 예수님께서 우리의 현 위치에서 누리고 있는 성공을 가리키시면서 정말로 우리의 삶을 조정하길 원치 않으신다고 스스로 합리화할 수 있습니다. 그러나 예수님은 제자들이 경험하고 있는 성공에도 불구하고 다른 곳으로 가자고 자주 말씀하셨습니다(눅 5:1–11). 빌립은 전도자로서 놀라운 성공을 거두고 있었습니다. 그런데 그때에 성령께서 그에게 사막으로 가라고 명령하셨습니다(행 8:25–26). 우리의 현 위치에서의 성공은 예수님께서 우리를 이끌기 원하시는 곳으로 가는데 가장 큰 장애가 될 수 있습니다.

한편으로 우리의 삶을 하나님의 일에 조정하는 일은 즉각 성공처럼 보이지 않을지 모릅니다. 모세는 하나님께서 히브리 백성을 애굽에서 어떻게 구원하시는지를 겪으면서 이 진리를 경험했습니다. 하나님께서는 자신이 바로의 마음을 강퍅하게 하셨다고 말씀하셨습니다. 그러나 그 결과는 모세가 기대하던 것이 아니었습니다. 히브리인들을 놓아주는 대신에 바로는 그들을 더 힘들게 만들었습니다. 모세는 히브리인들의 영웅이 된 것이 아니라 오히려 더 큰 고통을 그들에게 가져다 줘서 멸시를 받았습니다. 모세는 주님께 가서 여쭸습니다. "주여 어찌하여 이 백성이 학대를 당하게 하셨나이까 어찌하여 나를 보내셨나이까?"(출 5:22). 그리스도인으로서 우리가 경험하는 많은 좌절은 하나님께서 하시는 일과 관련이 없습니다. 오히려 우리가 하나님께서 이런 저런 모양으로 행하실 거라는 우리의 잘못된 추측과 전적인 관련이 있습니다.

하나님의 뜻을 행한 후에 만사가 더 악화되는 것처럼 보인 적이 있습니까? 모세는 자신이 하나님께 순종한 결과가 어떤 것일지에 대해 완전히 오해했습니다. 만사가 그가 기대한 대로 되지 않자 모세는 낙담했습니다. 하나님은 모세에게 해야 할 일을 말씀하셨지만 그 결과가 어떻게 될지에 대해서는 모세에게 말씀하지 않으셨습니다. 당신의 상식을 가지고 하나님의 일을 하려고 시도하는 것은 어리석은 것입니다. 하나님은 당신의 상식을 제거하지 않으십니다. 그분은 그것을 거룩하게 구별하십니다. 그분은 당신에게 그분의 지혜를 주셔서 당신으로 하여금 그분의 길을 이해하게 하십니다.

당신의 인생에서 하나님이 하신 일을 돌이켜보면 당신은 당신을 이끄신 뛰어난 그분의 지혜를 깨달을 것입니다. 하나님이 하실 일을 기대할 때는 당신의 현 위치의 안락함에 너무 만족하거나 그분께서 당신을 위해 다음에 무슨 일을 하실지 예측하지 않도록 주의하십시오. 그럴 경우에 당신은 다른 곳으로 가라는 그리스도의 초청에 저항할지 모릅니다. 그분은 당신의 이웃에게 혹은 정반대 편의 세상으로 가서 복음을 전하라고 하실지도 모릅니다. 그분이 어디로 이끄시든지 간에 갈 준비를 하십시오.

1. 그리스도께서 다른 곳으로 가서 어떤 일을 하라고 초청하시는데 어떤 성공이나 안락함이 이를 저항하도록 유혹합니까? 당신으로 하여금 그분의 일에 동참하라는 하나님의 부르심을 신뢰하지 못하도록 하는 명백한 것은 무엇입니까?

2. 하나님께서 언제, 어떻게 어디를 선택하시든지 그분께 쓰임받기 위해 당신은 자신의 경험과 의지를 어떻게 조정하겠습니까?

3. 오늘 읽은 문장이나 성경 중에서 가장 의미심장한 것은 무엇이었습니까?

4. 그 문장이나 성경 구절을 하나님께 드리는 반응의 기도문으로 바꿔 보십시오.

5. 하나님은 당신이 무엇을 하길 원하십니까? 오늘의 학습과 연관지어 생각해보세요.

제2일

하나님의 주도권

우리 가운데서 역사하시는 능력대로 우리가 구하거나 생각하는 모든 것에
더 넘치도록 능히 하실 이에게
엡 3:20

때로 우리는 우리가 하나님을 위해 그리고 그분의 교회를 위해 하는 것으로 하나님을 감동시킬 수 있다고 느낍니다. 그러나 하나님은 인간의 위대한 야망에 감동을 받지 않으십니다(시 8:3-4). 하나님께서 당신의 삶에서 그리고 당신의 삶을 통해 하시려는 더 위대한 계획이 없다면 당신은 결코 그렇게 크고 의미있는 목적을 이룰 수 없습니다. 다소의 사울은 다른 그 누구보다 자기의 노력으로 하나님을 감동시키기 위해 더 열심히 일했지만 그의 가장 위대한 업적이 그의 인생을 향하신 하나님의 뜻에 비하면 배설물과 같다는 것을 발견했습니다(빌 3:7-8).

우리의 문제는 우리가 너무 쉽게 우리 자신의 계획을 준비한다는 것입니다. 만일 우리가 고귀하거나 어려운 일들을 시도한다면 우리는 우리 삶에서 최고가 되어야 한다고 가정하며 그래야 하나님께서 우리를 기뻐하신다고 생각합니다. 그러나 우리가 하나님의 음성을 듣기까지 우리는 우리 인생이 어떻게 될지 혹은 하나님께서 우리를 통해 성취하실 수 있는 일이 무엇인지를 다 파악할 수 없습니다.

당신의 인생에서 가장 드라마틱한 변화는 당신이 아니라 하나님이 주도권을 잡으실 때에 일어날 것입니다. 성경에서 하나님이 힘 있게 사용하시는 사람들은 모두가 평범한 사람들이었으며 하나님은 그들에게 결코 시작할 수 없는 거룩한 임무를 맡기셨습니다. 주님은 종종 그들을 놀라게 하셨습니다. 왜냐면 그들이 하나님께 의미심장한 임무를 구하지 않았기 때문입니다. 그렇지만 그분은 그들의 마음을 보셨고 그들이 믿을만한 자들임을 아셨습니다.

주님은 그분의 목적에 헌신된 한 나라를 세우기 시작하실 때에 아브라함에게 말씀하셨습니다. 이 나라를 통해 구세주가 오시게 됩니다. 하나님은 애굽의 노예 상태에서 이스라엘을 구원하실 목적을 가지셨을 때에 모세에게 나타나셨습니다. 하나님은 이새의 막내아들 다윗에게서 그분의 백성을 이끌 수 있는 경건한 성품을 발견하셨습니다. 하나님은 마리아에게 그녀가 메시야의 어머니가 될 것이라고 이야기하여 그녀를 놀라게 했습니다. 하나님의 아들께서는 그분의 구원의 복음을 세상에 전하려 하실 때에 열두제자를 택하셨습니다. 그들은 모두 배움이 적은 평범한 사람들이었습니다. 모든 세대에 걸쳐 하나님은 사람들이 결코 상상할 수 없었던 일들을 성취하기 위해 사람들의 일상 속에서 주도하셨습니다.

주님은 당신의 삶에서도 새로운 뭔가를 시작하실지 모릅니다. 그분께서 당신에게 그분이 계획이 뭔지 말씀하실 때에 그분을 신뢰하고 그분과 친밀하게 동행하십시오. 당신이 현재 하고 있는 일로 바빠서 하나님께서 당신을 위해 예비하신 모든 것을 경험하지 못하는 일이 없게 하십시오. 당신이 결코 가능하다고 꿈꿔 본 적이 없는 일들을 하나님께서 당신의 삶을 통해 이루시는 것을 보게 될 것입니다(엡 3:20).

우리는 아버지 하나님께서 더 큰 그림을 보시며 그분의 능력은 우리의 제한된 상상력을 초월하신다는 사실을 스스로에게 일깨워야 합니다. 우리는 우리 자신의 의도가 아무리 고상하다 할지라도 이를 내려놔야 합니다. 우리 자신의 꿈으로 만족해서는 안 됩니다. 왜냐면 그것은 기껏해야 유한한 것이기 때문입니다. 우리가 하나님의 명령을 따를 때에 오직 그분의 능하신 임재로 밖에는 설명할 수 없는 일들이 우리 삶 가운데 일어나는 것을 목격하게 될 것입니다. 우리가 과연 다른 어떤 것으로 만족할 수 있을까요?

1. 솔직히 당신 자신이 계획한 것 중에 어느 것이 하나님을 감동시키거나 아니면 그분의 축복을 받을 만하다고 생각하십니까?

2. 당신의 삶 가운데서 어느 영역이 하나님의 뜻에 조정하기 가장 쉽습니까? 만일 하나님께서 변화를 요구하신다면 어느 영역이 조정하기에 가장 어렵거나 의미심장합니까?

3. 하나님의 주도권에 당신 자신을 완전히 열기 위해 당신은 무엇을 하겠습니까?

4. 오늘 읽은 문장이나 성경 중에서 가장 의미심장한 것은 무엇이었습니까?

5. 그 문장이나 성경 구절을 하나님께 드리는 반응의 기도문으로 바꿔 보십시오.

6. 하나님은 당신이 무엇을 하길 원하십니까? 오늘의 학습과 연관지어 생각해보세요.

제3일

산 제사

그러므로 형제들아 내가 하나님의 모든 자비하심으로 너희를 권하노니
너희 몸을 하나님이 기뻐하시는 거룩한 산 제물로 드리라 이는 너희가 드릴 영적 예배니라
롬 12:1

하나님은 가치 있는 제사를 크게 기뻐하십니다. 구약성경에서 그분은 이스라엘 백성에게 제사를 드리는 법에 대해 자세히 지시하셨고 제사가 그분에게 "향기로운 냄새"가 된다고 선언하셨습니다(레 1:13, 17). 이스라엘이 하나님께 제사를 드릴 때에 그것은 더 이상 그들 자신의 것이 아니었습니다. 그것은 전적으로 하나님께 속했습니다. 하나님은 사람들이 드릴 수 있는 것 중에 오직 최고의 것만을 받곤 하셨습니다. 흠이 있거나 불완전한 짐승을 전능하신 하나님께 드리는 것은 일종의 모욕이었습니다.

훌륭한 제사를 위해 사람들은 값을 치러야 했습니다. 그들의 마음이 하나님에게서 멀어졌을 때에 백성들은 하나님께 값비싼 제물을 드리라는 명령에 대해 갈등하기 시작했습니다. 그래서 그들은 눈이 멀고, 절름발이며 병든 짐승들을 가져왔고 하나님께서는 그 차이를 모르실 거라고 생각했습니다(말 1:8). 하나님은 그들이 하는 행동을 보시고 그들의 제사가 헛되다고 선언하셨습니다(10절).

구약시대에 걸쳐 하나님은 인류의 죄를 위해 완전하고 죄가 없으신 최후의 제물인 그분의 아들을 위한 무대를 준비하셨습니다. 하나님께서 자기 아들을 흠 없는 어린 양으로 드리셨을 때에 그분은 친히 제물의 기준을 맞추셨습니다. 그분의 완벽한 아들의 죽음만이 인류의 죄를 사할 수 있을 만한 가치가 있는 제사였습니다. 하나님의 사랑이 그분을 움직이셔서 그분에게 가장 소중한 독생자는 희생하셨습니다.

만일 우리를 향하신 그분의 사랑을 진실로 이해한다면 우리에게 가장 소중한 것을 하나님께 돌려드리고 싶어 할 것입니다. 이제 하나님께서 우리의 생명을 그분의 제단에 산 제사

로 드리라고 청하십니다(롬 12:1). 구약성경처럼 우리의 제사도 한 번 드려지면 다시 재청구할 수 없습니다. 우리는 온전히 하나님의 것입니다. 우리는 우리 생명의 일부분만을 드릴 수 없습니다. 우리의 제사는 전폭적이어야 합니다.

그러므로 당신이 그리스도인이라면 당신의 생명은 당신 자신의 것이 아닙니다. 그러나 죽음 대신에 하나님은 당신이 산 제물로 그분을 위해 살기를 청하십니다. 매일 당신은 자신의 삶을 그분을 섬기기 위해 드려야 합니다. 당신은 여가 시간이나 잉여 자원으로 그분을 섬길 수 없습니다. 당신이 하나님을 위해 사는 방식이 당신이 하나님께 드리는 제사입니다. 끈질기게 거룩함을 좇으십시오. 그리하여 하나님께 드리는 당신의 제사가 흠이 없고 그분을 기쁘시게 하는 것이 되게 하십시오(엡 4:1; 빌 1:27; 살전 2:12).

우리가 하나님께 드리는 제물이 이기심이 없는 헌신으로 반응해야 합니다. 만일 우리의 시간과 소유와 재물과 에너지를 희생하고자 하는 마음이 없으면 그것은 우리가 하나님을 온전히 사랑하지 않는다는 뜻입니다. 하나님은 사랑하는 마음으로 그분께 즐거이 드리는 자를 기뻐하시며 또한 하나님께서 자신이 가진 모든 소유의 근원이시며 그분을 위해 희생한 것보다 더 많은 것으로 보상하시는 분이심을 아는 자를 기뻐하십니다(고후 9:8). 당신이 하나님께 최고의 물질을 드리는데 갈등이 있다면 하나님께서 당신을 위해 치르신 희생이 무엇인지를 잠시 묵상하십시오. 그분을 신뢰하고 그분에게 당신이 가지고 있는 가장 좋은 것을 그분께 드리십시오. 왜냐면 당신은 마음을 다해 그분을 사랑해야 하기 때문입니다.

1. 당신의 삶에서 가장 의미심장한 희생은 무엇이었습니까? 하나님은 당신이 희생한 것보다 더 만족을 주시는 분이심을 어떻게 입증하셨습니까?

2. 일반적으로 산 제사를 드린다는 것이 무슨 의미인지 당신의 인생 경험에 근거하여 당신의 말로 설명해 보십시오. 예수님의 궁극적인 희생에 전적으로 보답하는 삶을 살기 위해 당신이 구체적으로 조정해야 하는 것들은 무엇입니까?

3. 당신이 가장 소중하게 여기는 것은 무엇입니까? 그것을 가지고 당신은 예수님을 어떻게 완전히 신뢰할 수 있습니까?

4. 오늘 읽은 문장이나 성경 중에서 가장 의미심장한 것은 무엇이었습니까?

5. 그 문장이나 성경 구절을 하나님께 드리는 반응의 기도문으로 바꿔 보십시오.

6. 하나님은 당신이 무엇을 하길 원하십니까? 오늘의 학습과 연관지어 생각해보세요.

제4일

하나님이 일하실 자리를 만들라

네 장막터를 넓히며 네 처소의 휘장을 아끼지 말고 널리 펴되
너의 줄을 길게 하며 너의 말뚝을 견고히 할지어다
사 54:2

전능하신 하나님이 한 인생을 만나실 때면 언제나 즐거움과 미래에 대한 기대감이 생깁니다. 이사야는 이러한 경험을 이전에 잉태하지 못했던 여인이 아기를 낳는 경험에 비유했습니다. 아이가 태어나면 모든 것이 변합니다. 이전의 거처는 두 사람이 살기에 충분했을지 몰라도 이제는 더 커져야 합니다. 아이가 태어나면 부모는 그들이 지금까지 살아왔던 방식과 완전히 다른 방식으로 살아야 합니다.

이사야는 하나님께서 오시면 당신의 삶에 그분을 위한 자리를 만들어야 한다고 선언했습니다. 하나님이 임하시면 당신의 삶, 당신의 가족, 당신의 교회에 새로운 차원의 것들이 더해지기 때문에 당신은 "장막터를 넓혀야 합니다." 당신은 그리스도를 단지 바쁜 일정에 추가하고서 평소처럼 일하며 살 수 없습니다. 그리스도께서 당신의 주가 되시면 모든 것이 달라집니다. 이전에 당신은 자신의 삶에 좋은 일들이 일어날 거라는 기대감이 없었을지 몰라도 이제 당신은 낙관적인 마음을 품어야 합니다. 자신의 삶이 더 부요해지고 충만해질 것을 기대해야 합니다. 당신은 하나님께서 당신의 삶을 통해 다른 사람들을 축복하실 것을 기대할 수 있습니다. 당신은 하나님께서 당신의 삶을 통해 점점 더 그분의 능력을 보여주실 것을 바랄 수 있습니다.

하나님은 그분에게 충성된 자들에게 보상하십니다. 당신의 삶 내내 하나님은 당신의 믿음이 자라길 추구하십니다. 그분은 계속해서 당신이 그분을 신뢰하도록 만드십니다. 그분은 약간의 믿음을 요하는 상황으로 당신을 인도하십니다. 그리고 당신이 충성하면 그분은 당신을 이전보다 더 큰 신뢰를 요구하는 상황으로 인도하십니다. 당신이 하나님을 더 높은

차원에서 신뢰할수록 하나님은 당신에게 더 많이 계시하실 것입니다. 이처럼 당신의 믿음과 하나님을 경험하는 것은 직접적인 상관관계에 있습니다.

당신이 하나님의 더 큰 계시를 받을 준비가 되어 있는지를 결정하는 가장 좋은 방법은 하나님께서 이미 당신에게 맡기신 일에 충성했는지를 평가하는 것입니다. 하나님과 우리의 관계에 기본적인 원리가 있는데 그것은 만일 당신이 그분이 맡기신 작은 일에 충성했다면 이제 당신은 더 큰 일을 맡을 준비가 되었다는 뜻입니다(눅 16:10). 만일 하나님께서 당신에게 맡기신 작은 일에 충성하지 못했다면 그분은 당신에게 더 많은 것을 맡기시지 않을 것입니다. 하나님은 당신의 현재의 신뢰 수준과 그분께 대한 순종의 수준을 넘어 당신을 이끌지 않으실 겁니다. 하나님은 당신이 그분을 신뢰할 준비가 될 때까지 계속해서 당신이 신뢰하지 않는 영역으로 당신을 데려가실 겁니다. 이스라엘 자녀들은 하나님께서 그들을 약속의 땅으로 인도하신다는 사실을 신뢰하지 않았습니다. 그래서 비극적이게도 그들 세대 사람들은 결코 그분과 함께 결코 다시 전진할 수 없었습니다.

당신은 그리스도인으로서 당신의 삶을 그리스도를 위해 얼마나 내어드렸습니까? 당신의 죄를 회개하십시오. 그리스도께서 당신 안에서 원하시는 것을 행하실 수 있도록 그분께 자유를 드리십시오. 그리고 그분이 일하시는 것을 열심히 지켜보십시오. 그리스도께서 장차 그분의 능력으로 당신을 채우시고 이전에 당신이 한 번도 해보지 못한 일들을 행하실 것을 기대하면서 사십시오.

1. 하나님의 임재가 당신의 삶을 어떻게 변화시켰습니까?

2. 과거에 당신이 취한 믿음의 조치들을 깊이 생각해 보십시오. 당신은 어떤 식으로 하나님을 신뢰하고 작은 일에 충성됨을 입증하셨습니까?

3. 지금 당신은 하나님께서 당신의 삶에서 더 위대한 일들을 하시도록 어떻게 자리를 내어드리고 있습니까?

4. 오늘 읽은 문장이나 성경 중에서 가장 의미심장한 것은 무엇이었습니까?

5. 그 문장이나 성경 구절을 하나님께 드리는 반응의 기도문으로 바꿔 보십시오.

6. 하나님은 당신이 무엇을 하길 원하십니까? 오늘의 학습과 연관지어 생각해보세요.

제5일

아무도 당신을 막을 수 없다

그 때에 여호와께서 여호수아에게 이르시되 그들을 두려워하지 말라
내가 그들을 네 손에 넘겨주었으니 그들 중에서 한 사람도
너를 당할 자 없으리라 하신지라
수 10:8

누군가가 당신을 위한 하나님의 계획을 좌절시킨다고 느낀 적이 있습니까? 아마 어느 누군가가 당신이 직장을 얻거나 승진하는 것을 방해할지 모릅니다. 아마도 관공서에서 당신이 신청한 것을 승인해주지 않거나 유관부처에서 당신의 의견에 동의하지 않을지도 모르겠습니다. 당신은 하찮은 인간이 하나님께서 당신의 삶에서 그분의 목적들을 이루시는 것을 막을 수 있다고 믿습니까?

다른 사람들의 결정이나 불순종이 당신을 위한 하나님의 뜻을 취소할 수 없습니다. 다른 사람들의 행동이 당신에게 영향을 줄 수는 있지만 어느 누구도 하나님께서 당신을 통해 하길 원하시는 것을 방해할 수는 없습니다. 여호수아와 갈렙은 하나님을 신뢰했지만 다른 사람들의 두려움과 불신앙 때문에 광야에서 40년을 방황해야 했습니다.

하나님은 여호수아와 갈렙의 삶에서 그분께서 의도하신 모든 것을 다 행하셨습니다. 그들을 향한 그분의 가장 주요한 과제는 약속의 땅에 들어가는 것이 아니라 오히려 그들이 경건한 지도자로서 백성을 섬기도록 하는 것이었습니다. 백성들이 여전히 광야에서 헤매고 있는데 여호수아와 갈렙만이 약속의 땅에 들어간다면 그들은 백성들을 이끌 수 없었을 것입니다. 하나님은 이 지도자들을 자기 민족에게 경건한 영향을 끼칠 수 있는 위치에 두셨습니다. 그 결과 그들은 오는 여러 세대에 걸쳐 영적 리더십의 모델이 되었습니다. 그렇지만 결국 하나님은 말씀하신 대로 갈렙과 여호수아를 약속의 땅에 들이셨습니다. 그 약속은 지연되었지만 좌절되지는 않았습니다. 이 한 가지 사실을 확실히 아십시오. 어느 누구도 하나님께서 당신의 삶을 향한 계획들을 막을 수 없습니다. 일단 하나님께서 뭔가를 행하시면 아

무도 그것을 막을 수 없습니다(사 46:11).

그리스도인에게 있어서 당신이 하나님의 뜻을 행하고 있다는 사실을 아는 것보다 더 큰 확신은 없습니다. 그분은 당신에게 성공을 보장하지 않으시면서 어떤 일을 행하라고 당신을 보내지 않으실 것입니다. 여호수아가 가나안 족속과 전투를 준비할 때에 하나님은 여호수아에게 두려워할 이유가 하나도 없다는 확신을 심어주셨습니다. 하나님께서는 이스라엘이 전투를 벌이도록 허락하시지만 그들이 무기를 들기도 전에 이미 결과는 정해진 것이었습니다. 그들이 싸울 때에 이 사실이 그들에게 얼마나 큰 확신을 주었을까요. 비록 적들이 끈질기게 싸웠지만 여호수아의 군대는 결국 승리할 것을 확신했습니다. 하나님은 당신이 고안해 낸 일에는 승리를 약속하시지 않지만 당신이 그분의 뜻을 따른다면 그때마다 성공을 약속하십니다(신 28:7).

당신은 하나님의 뜻에 순종하는 것을 사람들이 막는 것처럼 보입니까? 하나님께서 그 어느 누구도 그리고 그 어떤 것들도 그분의 자녀들이 그분의 목적을 이루는 것을 막는 것을 허락지 않으신다는 사실을 확신하시고 안심하십시오. 성공을 평가할 때에는 하나님의 방식으로 평가하도록 주의하십시오.

당신이 하나님의 뜻을 행하는데도 좌절하는 것을 느낄 때, 즉 당신이 고난의 시기에 직면했을 때에 그분이 그렇게 하시는 것은 아마도 당신 마음 가운데 그분의 평강을 주시기 위해서일지 모릅니다. 다른 사람들이 당신을 학대할 때에 아마도 그것은 그분이 당신 안에 용서하는 마음을 지으시려 하는 것일 수 있습니다. 아니면 아마도 그분께서 당신의 삶에서 어떤 특정한 죄를 제거하기 위해 그럴지도 모릅니다. 만일 당신이 세상적인 관점에서 승리를 알고 있다면 당신은 패배의식을 느낄지도 모릅니다. 그러나 당신의 상황을 통해 하나님이 이루시고 계신 것이 무엇인지를 안다면 당신은 하나님께서 성공하고 계시다는 사실을 발견하게 될 것입니다. 당신이 반대에 부딪히면서도 하나님께서 부탁하신 것을 행하고 있음을 안다면 그때에 그분께서 원하시는 모든 것을 이루실 것이라는 확신을 가지십시오.

1. 당신의 삶에서 하나님의 뜻을 방해하는 것이 무엇이라고 생각하십니까? 당신 삶의 영적 상태에 대해 당신은 어떻게 다른 사람들이나 환경을 탓했습니까??

2. 당신의 상황이 더 큰 그림에서 보면 우회하는 것처럼 느껴지거나 지연되는 것처럼 느껴질지라도 지금 당신이 서 있는 위치에서 당신은 어떻게 하나님의 일에 동참할 수 있습니까?

3. 당신은 어떤 실패를 경험했습니까? 그 실패가 어떻게 당신으로 하여금 하나님의 뜻으로 다시 방향을 돌리게 만듭니까?

4. 오늘 읽은 문장이나 성경 중에서 가장 의미심장한 것은 무엇이었습니까?

5. 그 문장이나 성경 구절을 하나님께 드리는 반응의 기도문으로 바꿔 보십시오.

6. 하나님은 당신이 무엇을 하길 원하십니까? 오늘의 학습과 연관지어 생각해보세요.

지금 나는 하나님을 어떻게 경험하고 있는가?

본 여백을 이용하여 하나님을 경험하는 삶에 대한 일지를 쓰십시오.
특별히 '당신은 하나님의 역사에 참여하기 위해서 당신의 인생을 하나님의 뜻에 맞게 조정해야 합니다'라는 실체 6을 가지고 쓰십시오.

그룹 세션– 실체6

당신은 하나님의 역사에 참여하기 위해서 당신의 인생을 하나님의 뜻에 맞게 조정해야 합니다

시작하기

복습과 기도로 시작하십시오. 지난주에 출애굽기 4장 1–17절을 공부하면서 토론한 진리들을 요약해 달라고 자원자에게 부탁하십시오.

하나님께서 지금 하고 계신 일에 동참하기 위해 그룹원들이 자신들의 삶을 크게 조정할 수 있는 용기를 달라고 하나님께 간구하십시오. 그룹원들이 자신의 삶을 하나님이 일하시는 곳에 일치시킬 때까지 모든 사람이 만족하지 못하고 불편함을 느끼도록 기도하십시오.

읽기와 반응하기

성경본문과 실체 6을 공부하십시오. 출애굽기 4장 18절–5장 9절을 소리 내어 읽으십시오.

다음 질문들을 이용하여 출애굽기 4장 18절–5장 9절에 나오는 실체 6의 예들을 토론하십시오. (필요하다면 실체 6의 개요를 살펴보기 위해 127페이지를 참조하십시오)

1. 모세가 하나님의 일에 동참하기 위해서 크게 조정해야만 했던 것들은 무엇이었습니까? (4:18–20, 24–26)

2. 모세를 죽이려 했던 애굽 사람들의 이야기를 들을 때에 모세가 당한 믿음의 위기와 하나님이 하시고 계신 일에 동참하기 위해 그가 행한 주요 조정들에서 어떠한 깨달음을 얻었습니까? (4:19)

3. 이스라엘과 하나님의 언약의 표시인 할례에 대한 이야기, 모세와 하나님과의 관계 그리고 하

나님의 백성들과 하나님과의 관계에서 제시하는 할례 이야기는 무엇을 말해주는 것입니까? (4:24-26) 모세와 그의 주변 사람들에게 요구된 주요 조정들은 어떠한 것을 강조합니까?

4. 주요 조정을 한다는 것이 쉽지 않으며 즉각적인 성공을 보장해주지도 않습니다. 다음 인물들은 모세의 삶에서 일어난 주요 조정들에 대해 어떻게 반응했습니까?

- 장인 이드로 (4:18)
- 모세의 아내 십보라 (25절)
- 모세의 형 아론 (27-29절)
- 장로들과 이스라엘 백성들 (31절)
- 바로 (5:2-9)

복습하기

실체 6에 대해 매일 읽은 글들의 주제들과 연관 지어 개인적 차원에서 토론을 계속하십시오. (이 질문들을 가이드로 삼되 매일 읽은 글들에 대한 반응으로 취한 어떤 행동들이나 의미 있는 문장들에 대해 자유롭게 토론하십시오)

제1일

5. 그리스도께서 다른 곳으로 가서 어떤 일을 하라고 초청하시는데 어떤 성공이나 안락함이 이를 저항하도록 유혹합니까? 당신으로 하여금 그분의 일에 동참하라는 하나님의 부르심을 신뢰하지 못하도록 하는 명백한 것은 무엇입니까?

6. 하나님께서 언제, 어떻게 어디를 선택하시든지 그분께 쓰임받기 위해 당신은 자신의 경험과 의지를 어떻게 조정하겠습니까?

제2일

7. 당신의 삶 가운데서 어느 영역이 하나님의 뜻에 조정하기 가장 쉽습니까? 만일 하나님께서 변화를 요구하신다면 어느 영역이 조정하기에 가장 어렵거나 의미심장합니까?

8. 하나님의 계획에 따라 당신 자신을 완전히 열기 위해 무엇을 하겠습니까?

제3일

9. 당신의 삶에서 가장 의미심장한 희생은 무엇이었습니까? 하나님은 당신이 희생한 것보다 더 큰 만족을 주시는 분이심을 어떻게 입증하셨습니까?

10. 일반적으로 산 제사를 드린다는 것이 무슨 의미인지 당신의 인생 경험에 근거하여 설명해 보십시오. 예수님의 궁극적인 희생에 전적으로 보답하는 삶을 살기 위해 당신이 구체적으로 조정해야 하는 것들은 무엇입니까?

제4일

11. 하나님의 임재가 당신의 삶을 어떻게 변화시켰습니까?

12. 과거에 당신이 취한 믿음의 조치들을 깊이 생각해 보십시오. 당신은 어떤 식으로 하나님을 신뢰하고 작은 일에 충성됨을 입증하셨습니까?

제5일

13. 당신의 삶에서 하나님의 뜻을 방해하는 것이 무엇이라고 생각하십니까? 당신 삶의 영적 상태에 대해 당신은 어떻게 다른 사람들이나 환경을 탓했습니까?

하나님을 경험하는 삶의 간증들

이 기회를 이용해 당신이 하나님을 경험한 방식들을 나누십시오.

14. 지난주에 당신은 하나님을 어떻게 경험했습니까?

15. 하나님께서 지금 하시고 계신 일에 동참하기 위해 당신은 어떤 주요 조정들을 하셨으며 그 결과 어떻게 하나님을 경험하셨습니까?

마무리하기

다음의 마지막 생각을 읽고 기도로 본 세션을 마치십시오.

당신은 지금 있는 곳에 머물면서 동시에 하나님과 동행할 수 없습니다.
당신이 진실로 하나님의 뜻을 알고 행하길 원한다면
그분이 일하시는 곳으로 가기 위해
오늘 취해야할 행동이 무엇이든지 그것을 행하십시오.

다음 주에 우리는 "당신이 하나님께 순종하고, 하나님이 당신을 통해서
그분의 일을 성취하심으로 말미암아 당신은 경험으로 하나님을 알게 됩니다"라는
실체 7을 논의할 것입니다.

실체 7

순종과 경험

당신이 하나님께 순종하고, 하나님이 당신을 통해서 그분의 일을 성취하심으로 말미암아 당신은 경험으로 하나님을 알게 됩니다.

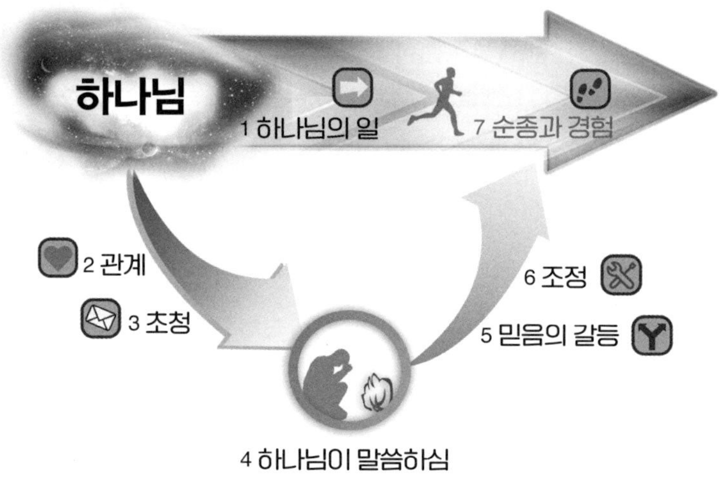

일단 당신이 믿음으로 하나님을 따르기로 결심하고 필요한 조정을 했으면 그분께 순종해야 합니다. 하나님께서 당신에게 하신 말씀을 실행할 때에 그것이 아무리 불가능하고 당혹스럽게 보인다 할지라도 그분은 당신을 통해 목적하신 것을 이루십니다. 그러면 당신만 하나님의 능력과 임재를 경험하는 것이 아니라 당신의 삶을 지켜보는 사람들도 그분을 경험하게 될 것입니다.

모세가 하나님께서 순종하고 하나님께서 그를 통해 그분의 일을 성취하셨을 때에 그는 경험으로 하나님을 알게 되었습니다. 하나님께서 모세에게 어떻게 말씀하셨는지 그리고 어떻게 그로 하여금 하나님이 어떤 분이신지에 대한 더욱 깊은 이해를 허락하셨는지를 설명해주는 성경 구절들은 많이 있습니다. 모세가 하나님께 순종했을 때에 하나님은 그를 통해 모세의 힘으로 할 수 없는 일을 성취하셨습니다. 그전에 모세는 그렇게 의미심장하게 쓰임받는 것에 대해 자신이 비천하고 그 일을 감당할 수 없는 자라고 분명히 생각했을 것입니다. 그러나 모세는 하나님이 그에게 말씀하신 모든 것에 순종하고 실행했습니다. 그러자 하나님께서는 모세를 통해 그분이 의도하신 모든 것을 성취하셨습니다. 매 단계마다 순종함으로써 모세(그리고 이스라엘)는 하나님을 더 깊이 알게 되었습니다(출 6:1-8).

오늘날에도 하나님은 세상을 자기와 화목케 하고 계십니다. 그분은 당신을 사랑하시기 때문에 당신이 그분의 일에 참여하길 원하십니다. 그분은 당신과 사랑의 관계를 추구하십니다. 그리고 그분은 당신이 그분의 일에 참여하도록 초청하십니다. 그분이 당신과 관계를 맺으실 때에 그분 자신과 그분의 목적과 길을 드러내십니다. 만일 당신이 하나님의 강력한 능력을 당신 안에서 그리고 당신을 통해 경험하길 원하신다면 당신은 믿음으로 행하고 자신을 조정하고 하나님께서 당신에게 하신 것이 무엇이든지 그것에 순종해야 합니다.

제1일

하나님을 더 알기

하나님이 모세에게 말씀하여 이르시되 나는 여호와이니라
내가 아브라함과 이삭과 야곱에게 전능의 하나님으로 나타났으나
나의 이름을 여호와로는 그들에게 알리지 아니하였고
출 6:2-3

모세가 하나님을 떨기나무 가운데서 만났을 때에 그는 여전히 자신의 주님에 대해 많은 것을 배워야 했습니다. 모세는 자신 앞에서 벌어진 기적에 감동을 받았습니다(출 3:3). 그렇지만 모세 시대에 가장 강력한 제국의 노예가 된 이스라엘을 인도해내려면 불타는 떨기나무보다 더 대단한 것이 필요했습니다. 떨기나무가 불에 붙었지만 소멸되지 않도록 하신 그 하나님이 수많은 무리를 구원하시는데 필요한 모든 것들을 채워주실 수 있었을까요? 모세는 경험을 통해 배워야 할 것이 많았고 여전히 질문도 많았습니다.

하나님은 "나는 스스로 있는 자니라"고 대답하셨습니다(14절). 이 말씀은 다음과 같은 뜻입니다. "모세야, 네가 내 임무를 수행할 때에 필요하면 나는 네가 원하는 모든 것이 되어 주겠다. 만일 네가 바로를 설득하기 위해 기적이 필요하면 나는 그렇게 내 자신을 표현하겠다. 네가 만일 자연에 개입하여 홍해를 갈라야 한다면 나는 그렇게 나를 드러내겠다. 네게 음식과 물이 필요하면 나는 너의 공급자가 되어 주겠다. 만일 네가 두려워하면 나는 너의 힘이 되어 줄 것이다."

모세는 주님과 동행하기 시작했을 때에 하나님께서 그를 위해 행하실 일을 모두 알지 못했습니다. 그러나 모세는 필요에 직면할 때마다 하나님에 대해 새로운 것을 배웠습니다. 모세는 하나님께서 불타는 떨기나무보다 더 큰일을 하실 수 있다는 것을 깨닫게 됩니다. 만일 모세가 떨기나무의 경험에 너무나 감동되어 그곳에 성막을 세우고 불타는 떨기나무 교회를 시작했다면 어떻게 되었을까요? 아마도 그는 하나님께서 그에게 계시하고 싶어 하시던 것 중에 너무도 많은 것들을 놓쳤을 것입니다.

하나님께서는 여러 세대에 걸쳐 자기 백성들과 동행하시면서 그분의 목적과 백성의 필요에 따라 자신의 성품을 점진적으로 계시하셨습니다. 아브라함, 이삭, 야곱은 그분을 전능하신 하나님으로 알았습니다. 왜냐면 그들은 적으로부터 자신을 보호하기 위해 그분의 강력한 능력을 필요로 했기 때문입니다. 하나님은 이스라엘 백성을 세상에서 가장 강력한 통치자로부터 구원하셨을 뿐만 아니라 그들을 약속의 땅으로 데려가셨습니다. 그들은 그들 시대의 이방 신들을 제압하시는 가장 강력한 주님으로 그분을 경험하게 되었습니다.

하나님은 계속해서 당신의 필요와 그분의 목적을 따라 자신의 성품을 계시하실 것입니다. 당신은 그분께 순종함으로써 그분에 대해 더 많은 것을 알게 될 것입니다. 당신이 슬퍼할 때에 그분은 당신에게 위로자로서 오실 것입니다. 당신에게 필요가 생겼을 때에 그분은 자신이 공급자이심을 보여주실 것입니다. 당신이 심각한 도전에 직면했을 때에 그분은 자신이 전능한 하나님이심을 계시하실 것입니다.

당신은 처음 그리스도인이 되었을 때보다 하나님의 성품을 더 많이 이해해야 합니다. 당신은 5년 전보다 지금 그분을 더 잘 이해해야 합니다. 슬프게도 어떤 그리스도인들은 하나님에 대해 처음 하나님과 동행했을 때와 동일한 기본적인 지식만을 가지고 계속해서 매년 그 안에만 머물고 있습니다. 당신의 현재 상황이 어떠하든지 간에 하나님께서 그분 자신에 대해 가르쳐주시는 빛 가운데에서 상황을 보십시오. 그러면 당신은 이전에 결코 알지 못했던 차원에서 하나님을 알게 될 것입니다.

당신이 그분을 믿어 드릴 때마다 당신은 하나님을 보다 더 친밀하게 아는 새롭고 흥분되는 기회의 문 앞에 서게 됩니다. 믿음의 발걸음을 뗄 때마다 당신은 그분과 더 깊은 믿음의 관계로 인도됩니다. 그것은 하나님을 보다 더 친밀하게 알 수 있는 공개 초대입니다.

1. 처음 하나님과 동행하기 시작했을 때에 하나님에 대한 당신의 이해도를 회상해 보십시오. 경험을 통해 당신은 하나님을 아는 지식을 어떻게 확장하셨습니까?

2. 모세의 이야기는 당신과 하나님 사이의 관계를 더 잘 이해하는데 어떻게 도움이 되었습니까?

3. 오늘 읽은 문장이나 성경 중에서 가장 의미심장한 것은 무엇이었습니까?

4. 그 문장이나 성경 구절을 하나님께 드리는 반응의 기도문으로 바꿔 보십시오.

5. 하나님은 당신이 무엇을 하길 원하십니까? 오늘의 학습과 연관지어 생각해보세요.

제2일

걸음마다 신실하게

여호와께서 이르시되 네 아들 네 사랑하는 독자 이삭을 데리고 모리아 땅으로 가서
내가 네게 일러 준 한 산 거기서 그를 번제로 드리라
창 22:2

하나님을 따르는데 있어서 우리의 어려움은 우리가 그분의 뜻을 모른다는데 있지 않습니다. 우리는 그분의 뜻을 알면서도 그것을 *행하길* 원치 않을 때에 불편함을 느낍니다. 하나님께서 처음 아브라함에게 말씀하셨을 때에 그분의 명령은 단도직입적이었습니다. "내가 네게 보여줄 땅으로 가라"(창 12:1). 그런 뒤에 하나님은 오랜 세월에 걸쳐 아브라함으로 많은 시험을 겪게 하셨습니다. 아브라함은 아들을 주시겠다는 하나님의 약속이 성취되길 기다리면서 인내를 배웠습니다. 그리고 25년이 걸렸습니다. 아브라함은 왕들과의 전쟁을 통해 그리고 소돔과 고모라의 멸망을 통해 하나님을 신뢰하는 법을 배웠습니다.

하나님과 동행하는 아브라함의 믿음의 정점은 하나님께서 그에게 그의 가장 소중한 것을 희생시킬 것을 요청했을 때였습니다. 아브라함은 이전에 하나님께서 요구하시는 모든 것에 신속하고 단호하게 순종하는 모습을 보여주었습니다. 하지만 이번에 그가 그렇게 할 준비가 되었을까요? 하나님은 아브라함과 관계를 맺기 시작한 초기 단계에서는 이와 같은 중요한 희생을 그에게 요구하지 않으셨습니다. 아브라함이 하나님과 동행을 시작한지 30년이란 긴 세월이 흘러서야 이런 일이 생겼습니다. 하나님은 아브라함에게 그분을 신뢰하는 법을 차근차근 가르치셨습니다.

아버지 하나님께서는 그분의 길을 당신의 순례의 여정에서 점진적으로 계시하시기 때문에 당신도 아브라함처럼 그분을 더 깊이 신뢰하는 법을 개발하게 될 것입니다. 당신이 처음으로 그리스도인이 되었을 때에 당신의 주인께서 주시는 명령들은 아마도 침(세)례를 받거나 당신의 삶의 스타일을 바꾸는 그런 기초적인 것이었을지 모릅니다. 그러나 당신이 하나

님을 더 깊이 신뢰하는 법을 배우고 더 큰 시험도 이기기 위해 당신의 성품을 개발하실 것입니다. 그리고 더 큰 시험과 더불어 당신은 하나님을 더 많이 사랑하게 되고 그분의 길을 더 잘 알게 될 것입니다. 당신은 하나님의 다음 계시를 받을 준비가 되었습니까?

하나님은 당신의 신앙이 자라가도록 인도하시면서 그분과의 관계와 성품에 걸맞는 도전들을 당신의 삶에서 허락하실 것입니다. 하나님은 당신이 그리스도인이 되었을 때에 당신의 성품을 한 번에 모두 바꾸지 않으십니다. 오히려 그분은 어떤 과정을 통해 그분의 아들을 더욱 닮도록 당신을 인도하실 것입니다. 그분은 당신 삶의 한 영역에서 성령의 통치가 이뤄질 때까지 계속해서 그 부분을 다루실 것입니다. 당신은 당신 성품의 모든 영역에서 성숙을 간절히 원할지 모르지만 지속적이고 점진적인 성장이 진행될 것입니다.

하나님은 당신이 그리스도를 닮는 과정에서 지름길을 원치 않으십니다. 그분은 당신의 삶을 영원의 관점에서 보시기 때문에 당신 안에서 영속적인 영적 성장을 이루는데 필요한 시간을 충분히 가지실 것입니다.

하나님께서 당신 안에서 그리스도를 닮은 성품을 만드시는 동안 인내하십시오. 그분이 당신에게 주신 책임보다 더 많은 책임을 구하지 마십시오. 그분께서 원하시는 당신이 아는 모든 것에 순종하십시오. 그러면 그분께서는 당신을 향한 목적이 있는 곳으로 평탄하게 인도하실 것입니다.

1. 당신은 현재 하나님의 뜻의 어떤 면에서 갈등하고 있습니까? 이런 믿음의 행보가 당신에게는 왜 그렇게 어렵습니까?

2. 당신이 하나님과 동행하면서 가장 두려웠던 믿음의 행보는 무엇이었습니까? 무엇이 그 행보를 그렇게 중대하게 만들었습니까? 하나님은 어떻게 신실함을 입증하셨습니까?

3. 순종의 행보를 통해 당신의 성품은 어떻게 예수님을 닮게 되었습니까? 당신의 성품 중에 어떤 것이 당신 안에서 일하신 하나님의 뚜렷한 열매입니까?

4. 오늘 읽은 문장이나 성경 중에서 가장 의미심장한 것은 무엇이었습니까?

5. 그 문장이나 성경 구절을 하나님께 드리는 반응의 기도문으로 바꿔 보십시오.

6. 하나님은 당신이 무엇을 하길 원하십니까? 오늘의 학습과 연관지어 생각해보세요.

제3일

하나님의 말씀을 그대로 받으라

예수께서 제자 중의 둘을 보내시며 이르시되 성내로 들어가라
막 14:13

주님은 두 제자에게 어느 성내로 들어가서 어떤 임무를 수행하기 위해 특정 인물을 찾으라는 매우 상세한 지시를 내리십니다. 그는 커다란 방에 이미 유월절을 지킬 준비를 다 해놓았습니다. 만일 주님이 말씀하신 것이 아니었다면 이런 지시는 매우 이상하게 보였을지 모릅니다. 그러나 두 제자는 순종하였고 예수님이 말씀하신 그대로 모든 것이 준비되어 있음을 발견했습니다. 예수님은 그들이 무엇을 찾아야 할지를 정확히 아셨기 때문에 그들을 그렇게 구체적으로 인도하셨던 것입니다. 제자들이 자기 스승과 보낸 시간 중에 가장 기억에 남고 소중한 때는 이렇게 두 사람이 순종할 때였습니다.

그리스도의 명령에 순종하면 언제든지 그 명령은 성취됩니다. 그분의 말씀은 그분의 약속입니다. 주님께서 명령하실 때에 즉각 순종하십시오. 명령을 따져보고 그것이 완벽하게 앞뒤가 맞는다고 생각될 때까지 기다리지 마십시오. 때로 하나님은 당신이 일을 완수하고 나서야 온전히 이해할 수 있는 일들을 시키십니다. 하나님께서는 처음에 말씀하실 때에는 그분의 뜻의 세부사항을 모두 다 계시하지 않으십니다. 대신에 그분은 말씀하신 바를 이루는데 충분한 정도만 말씀하십니다. 그렇지만 그분은 당신이 그분의 인도하심을 계속해서 의지할 수 있도록 충분한 정보를 아끼지 않으십니다.

당신이 하나님께 반응하는 방식은 그분이 당신의 삶에서 하시는 일에 영향을 미칩니다. 당신이 순종함으로 말미암아 당신 주변 사람들도 그리스도를 경험하는 방식에 영향을 받을지 모릅니다. 만일 하나님께서 당신에게 명령하셨는데 순종하지 않았다면 즉시 그 말씀에 순종하십시오. 그리고 하나님의 완벽한 계획이 당신 인생에서 펼쳐지는 것을 보십시오. 하

나님께서 스스로 하신 약속들을 성취하실 때에 당신은 그분의 신실하심을 경험하게 될 것입니다.

우리가 그리스도와의 친밀한 교제 가운데 행하면 우리는 하나님이 성경에서 하신 모든 약속을 사용할 수 있다는 확신을 얻게 될 것입니다. 이 진리로 인해 우리는 우리 삶의 가능성을 발견하기 위해 그 약속 하나하나를 찾고자 성경 말씀을 묵상하려는 마음을 갖게 될 것입니다.

예수님은 우리가 그분의 뜻 안에서 뭔가를 구하면 구하는 것마다 주시겠다고 약속하십니다(요 16:23하). 이 약속은 모든 그리스도인에게 유용합니다. 만일 당신이 이 약속이 당신의 삶에 적용되는지 아닌지를 하나님께 묻는다면 그분은 유용하다고 답하십니다. 당신이 현재 이 약속을 경험하고 있지 못하다 할지라도 하나님께서 그렇게 말씀하신 것이 바뀌지 않습니다. 그분의 약속이 왜 아직 당신의 삶에서 열매를 맺지 못했는지에 대해 당신은 하나님께 답을 구해야 할지 모릅니다.

바울은 자기의 삶에서 이 약속들 하나하나를 시험하고 그 모든 것이 현저한 사실임을 발견했다고 주장했습니다. 그래서 그는 "그리스도 예수 안에서 우리에게 자비하심으로써 나타내신 그 은혜의 지극히 풍성함"(엡 2:7)과 "측량할 수 없는 그리스도의 풍성함"(3:8)이란 말을 할 수 있었습니다. 바울은 하나님의 약속들의 풍성함을 발견하고서 그 모든 것을 부요하게 누렸습니다.

만일 당신 삶에서 하나님의 모든 약속을 충만하게 경험하고 있지 못한다 할지라도 낙심하지 말고 인내하십시오. 하나님은 당신이 사용할 수 있는 위대한 진리들을 받아들일 수 있도록 당신을 준비시키길 원하실지 모릅니다. 당신의 주님과 친밀하게 동행하십시오. 때가 차면 당신은 그분의 약속들이 당신의 삶 가운데 성취되는 것을 보게 될 것입니다.

1. 과거에 성경에서 가장 의미심장한 약속은 무엇이었습니까? 왜 그렇습니까?

2. 성경에서 어떤 약속이 당신에게 미래에 대한 확신을 줍니까? 왜 그렇습니까?

3. 1(=고집스러운 반역)에서 10(=열심을 내어 순종함)의 점수로 환산했을 때에 당신은 하나님의 말씀에 얼마나 순종적입니까?

4. 오늘 읽은 문장이나 성경 중에서 가장 의미심장한 것은 무엇이었습니까?

5. 그 문장이나 성경 구절을 하나님께 드리는 반응의 기도문으로 바꿔 보십시오.

6. 하나님은 당신이 무엇을 하길 원하십니까? 오늘의 학습과 연관지어 생각해보세요.

제4일

순종이 사랑이다

나의 계명을 지키는 자라야 나를 사랑하는 자니 나를 사랑하는 자는
내 아버지께 사랑을 받을 것이요 나도 그를 사랑하여 그에게 나를 나타내리라
요 14:21

하나님의 명령에 대한 순종은 당신 마음에서 나옵니다. 당신이 하나님께 순종하는데 갈등이 생기기 시작하면 그것은 당신의 마음이 그분을 벗어나기 시작했다는 것을 분명히 가리킵니다. 어떤 사람들은 "나는 하나님을 사랑하지만 내 삶의 어떤 영역들에서 그분께 순종하는 것이 힘듭니다"라고 주장합니다. 그러나 이것은 영적으로 불가능합니다. 만일 내가 당신에게 "당신은 하나님을 사랑하십니까?"라고 물으면 당신은 쉽게 "예"라고 답할지 모릅니다. 그러나 내가 당신에게 "당신은 지금 하나님께 순종하고 있습니까?"라고 묻었을 때에 당신은 쉽게 "예"라고 답하겠습니까? 그러나 이 둘은 같은 질문입니다.

하나님을 순전하게 사랑하면 전폭적으로 순종하게 됩니다. 당신이 배우자에게 어떤 때는 사랑한다고 말하고 또 어떤 때는 사랑하는데 갈등을 느낀다고 말한다면 그 관계는 위기에 처하게 될 것입니다. 그러나 우리는 하나님께 가끔씩 순종하고 가끔씩 사랑해도 하나님께서는 만족하신다고 생각합니다.

사랑 없는 순종은 율법주의입니다. 순종을 위한 순종은 완벽주의가 될 수 있으며 교만으로 이어집니다. 많은 양심적인 그리스도인들이 그리스도께 더욱 순종하기보다는 그들의 삶에서 절제력을 키우려 합니다. 영적 절제력이 도움이 될 수는 있지만 결코 하나님을 향한 사랑을 대신할 수는 없습니다. 사랑이 바로 절제력입니다. 하나님은 당신의 경건한 습관들과 도덕적 생활양식, 그리고 교회 활동을 넘어 당신 마음을 꿰뚫어 보십니다.

당신의 예배가 공허하고 일상적인 것이 되진 않았습니까? 당신은 하나님의 말씀을 읽고자 하는 동기를 잃어버리진 않았습니까? 당신의 기도생활이 하나의 의식으로 전락하지는

않았습니까? 이런 것들은 당신의 마음이 하나님을 벗어나기 시작했다는 징후들입니다. 당신은 하나님의 사랑을 받지 않으면서 그분께 가까이 갈 수 없습니다. 사랑은 하나님을 섬기고 그분과 관계를 맺게 해주는 가장 큰 동기입니다.

하늘 아버지는 영원한 사랑으로 자기 아들을 사랑하셨습니다. 아버지는 자기 마음과 생명의 모든 것을 아들에게 내주셨습니다. 아버지께서 깨어지고 죄악 된 세상에 이 사랑을 표현하실 때에 그 열정은 아들의 삶을 통해 나타났습니다. 아버지 하나님은 인류를 구원하실 그분의 계획을 주도하셨으며 아들 하나님은 헌신된 마음으로 이 임무를 맡으셔서 십자가로 가셨습니다.

예수님께서 사람들 가운데 행하실 때에 이 아버지의 사랑이 아들에게 가득했습니다. 예수님은 평범한 사랑으로는 십자가에 갈 수 없다는 것을 아셨습니다. 어떤 사람도 평생 아버지 하나님께 온전히 순종하며 사랑할 수는 없습니다. 오직 아버지 하나님의 사랑만이 아들 하나님으로 하여금 아버지의 영혼 구원하시는 목적에 자기의 생명을 드릴 정도로 충분히 강했습니다.

예수님은 하나님께서 동일한 사랑을 자기 제자들에게도 주시도록 기도하셨습니다(요 17:26). 주님은 하나님이 제자들에게 주시는 임무를 감당하는데 다른 동기로는 충분하지 않을 것을 아셨습니다. 하나님의 해답은 그 아들을 제자들 가운데 두시는 것이었습니다. 이와 같은 분량의 사랑으로 충만해진 후에 하나님과 함께 임무를 수행하지 않는다는 것은 불가능합니다.

당신에게 하나님의 사랑이 없다면 당신은 하나님이 당신에게 보내신 모든 사람들을 섬길 수 없을 것입니다. 당신이 하나님의 무한한 사랑으로 먼저 충만해지지 않으면 다른 사람들을 용서할 수 없고, 다른 사람과 길을 동행할 수 없으며, 다른 사람을 위해 희생할 수 없습니다. 아버지 하나님과 그분의 측량할 수 없는 사랑을 알 수 있도록 구하십시오. 그런 다음에 그리스도께서 당신을 통해 다른 사람들을 사랑하도록 허락하십시오.

1. 현재 당신이 순종하는 모습은 하나님과 당신 사이의 사랑과 관계에 대해 무엇을 드러냅니까?

2. 당신을 사랑하시는 하나님의 사랑이 당신의 생각, 결정, 행동에 어떤 영향을 미칩니까? 당신의 하나님을 향한 사랑은 당신의 생각, 결정, 행동에 어떤 영향을 미칩니까?

3. 오늘 읽은 문장이나 성경 중에서 가장 의미심장한 것은 무엇이었습니까?

4. 그 문장이나 성경 구절을 하나님께 드리는 반응의 기도문으로 바꿔 보십시오.

5. 하나님은 당신이 무엇을 하길 원하십니까? 오늘의 학습과 연관지어 생각해보세요.

제5일

인내 안에 있는 능력

예수께서 승천하실 기약이 차가매 예루살렘을
향하여 올라가기로 굳게 결심하시고
눅 9:51

신앙생활을 하면서 마음이 산만해지거나 낙심할 때가 있습니다. 하나님께서 당신에게 원하시는 일이 무엇인지를 깨닫고 순종하려 할 때 당신 주변 사람들이 당신의 시간과 관심을 요구하는 것처럼 보일 수 있습니다.

십자가를 지실 때가 다가오자 예수님은 "예루살렘을 향하여 올라가기로 굳게 결심하셨습니다." 이는 그 어느 것도 주님께서 아버지 하나님의 뜻을 이루는 것을 막지 못하도록 하기 위함이었습니다. 주님께서 예루살렘으로 올라가시려는 결단이 너무나 확고했기 때문에 유대인을 미워하는 사마리아인들도 주님을 배척했습니다. 왜냐면 그들은 주님께서 유대인으로서 그들의 마을을 통과하여 그들이 미워하는 도시인 예루살렘으로 여행한다는 것을 알았기 때문입니다(눅 9:52-53).

예수님은 자신의 사명에서 벗어나지 않기로 결심하셨지만 가시는 길에 시간을 내어 많은 사람들을 섬기셨습니다. 주님은 70명의 제자들을 주변 동네들로 파송하셨습니다(10:1). 그리고 나병환자들을 고치셨습니다(17:11-19). 수종병 걸린 사람을 치유하셨습니다(14:1-4). 주님은 삭개오의 집에 구원을 가져다주셨습니다(19:1-10). 그리고 계속해서 제자들을 가르치셨습니다(15절). 예수님은 갈보리로 가시면서 다른 이들을 섬기길 거절하지 않으셨습니다. 그러나 궁극적으로 주님은 아버지 하나님의 뜻을 단념하지 않으셨습니다.

만일 당신이 하나님께서 당신에게 원하시는 일이 무엇인지 안다면 모든 결단력을 동원해 이를 성취해야 한다는 목표를 굳게 정할 것입니다. 주변 일들로 인해 하나님께서 당신에게 원하시는 궁극적인 목표가 보이지 않을 정도로 곁길로 빠지지 않도록 주의하십시오. 순종하는 것을 지연시키거나 완전히 버리고자 하는 유혹에 굴복하지 마십시오. 당신이 그리스도에게 집중하기로 선택하면 자연스럽게 그분에게 더 가까이 다가가게 됩니다. 그리고 당신은 그분의 능력을 경험하게 됩니다.

그리스도께서 당신의 오른쪽에 계십니다(시 16:8). 성경 시대에 오른쪽은 가장 뛰어난 자리이었으며 누군가의 가장 중요한 조언자와 지지자를 위해 예비 된 자리였습니다. 당신을 새로운 경험에 직면할 때마다 그리스도의 능력을 얻기 위해 그분께로 가야만 합니다. 사람들이 당신을 모욕하고 학대할 때에도 당신의 상담자가 되시는 주님에게서 바른 반응과 조언을 구해야 합니다. 위기가 닥칠 때마다 당신의 오른쪽에 계신 그분에게서 힘을 받아야 합니다. 필요한 것이 생길 때마다 반응하기 전에 먼저 당신의 상담사가 되신 주님과 의논해야 합니다. 두려운 상황에 직면했을 때엔 당신 오른쪽에 계신 보혜사에게서 용기를 얻어야 합니다. 모든 일을 당신과 그리스도의 관계 안에서 행하십시오.

그리스도께서 당신 곁에 서서 당신을 인도하시고 조언해주시고 보호하시는 것이 얼마나 놀라운 하나님의 은혜입니까! 당신 우편에 계신 그리스도께서 함께 하시는데 당신의 상황이 어떻게 당혹스러울 수 있습니까? 이 사실이 얼마나 큰 확신을 줍니까! 포기하지 마십시오. 그리스도께 초점을 맞추십시오. 그분을 따르기로 결단하십시오.

1. 예수님과 동행할 때에 당신은 어떤 영역들에서 피곤과 낙망과 산만함을 경험하십니까?

2. 하나님께서 당신에게 원하시는 것이 무엇인지 당신은 알고 있습니까?

3. 이 목표를 위해 당신은 어떻게 인내하겠습니까? 주님의 능력과 지혜를 계속해서 의지하기 위해 당신은 실제적으로 어떤 조치들을 취하겠습니까?

4. 오늘 읽은 문장이나 성경 중에서 가장 의미심장한 것은 무엇이었습니까?

5. 그 문장이나 성경 구절을 하나님께 드리는 반응의 기도문으로 바꿔 보십시오.

6. 하나님은 당신이 무엇을 하길 원하십니까? 오늘의 학습과 연관지어 생각해보세요.

지금 나는 하나님을 어떻게 경험하고 있는가?

본 여백을 이용하여 하나님을 경험하는 삶에 대한 일지를 쓰십시오.
특별히 '당신이 하나님께 순종하고, 하나님이 당신을 통해서 그분의 일을 성취하심으로 말미암아 당신은 경험으로 하나님을 알게 됩니다'는 실체 7을 가지고 쓰십시오.

그룹 세션– 실체7

당신이 하나님께 순종하고, 하나님이 당신을 통해서 그분의 일을 성취하심으로 말미암아 당신은 경험으로 하나님을 알게 됩니다.

시작하기

복습과 기도로 시작하십시오. 지난주에 출애굽기 4장 18절–5장 9절을 공부하면서 토론한 진리들을 요약해 달라고 자원자에게 부탁하십시오.

그룹원들이 순종을 통해 경험으로 하나님을 알게 될 때에 각 사람의 삶이 영원히 변화되게 해 달라고 하나님께서 간구하십시오. 그룹원 각 사람과 이 그룹을 통해 하나님께서 이루실 일에 대해 하나님께 감사하십시오.

읽기와 반응하기

성경본문과 실체 7을 공부하십시오. 다음 질문들을 사용하여 위의 말씀에 나오는 실체 7의 예들을 토론하십시오. (필요하다면 실체 7의 개요를 위해 149페이지를 참조하십시오)

출애굽기 5장 22절–6장 9절을 소리 내어 읽으십시오.

1. 이 말씀에서 하나님을 경험하기 위한 이전의 6가지 실체 중에서 어떤 예들이 보입니까?

   1. 하나님의 일 (6:1–5)
   2. 관계 (2–8절)
   3. 초청 (6절)

4. 하나님이 말씀하심 (1–2, 8절)

5. 믿음의 갈등 (5:22–23, 6:9)

6. 조정 (6:9)

2. 하나님께서는 무엇을 이루시겠다고 약속하셨습니까? 모세의 순종을 통해 그분의 백성들이 무엇을 경험하게 될까요?

3. 하나님은 어떻게 이 약속을 지키셨습니까? 열 가지 재앙과 이스라엘이 홍해를 건넌 것에 대해 당신이 아는 것을 간략하게 요약하십시오(출 7–14장).

하나님께서는 열 가지 재앙과 출애굽 사건을 통해 애굽에 대한 그분의 능력을 보이신 후에 백성들이 불평하고 그분을 믿지 않아도 그분의 주권 하에 계속해서 기적적으로 자기 백성에게 공급하시고 그들로 한 나라를 빚어 가게 하셨습니다. 그분은 그분의 종인 모세를 통해 율법을 주셨으며 그 안에는 십계명과 예배 지침과 성막에 관한 내용이 들어 있었습니다.

출애굽기 33장 1절–34장 10, 27–35절을 소리 내어 읽으십시오.

4. 모세는 경험으로 하나님을 어떻게 알게 되었습니까? (33:7–11, 14, 17–23; 34:5–8, 29)

5. 하나님께서 모세를 통해 어떤 일을 이루셨습니까? (33:1; 34:28)

6. 다른 사람들은 모세의 순종을 통해 어떻게 하나님을 경험하고 알게 되었습니까? (33:1; 34:8–10, 30–35)

복습하기

실체 7에 대해 매일 읽은 글들의 주제들과 연관 지어 개인적 차원에서 토론을 계속하십시오.

(이 질문들을 가이드로 삼되 매일 읽은 글들에 대한 반응으로 취한 어떤 행동들이나 의미 있는 문장들에 대해 자유롭게 토론하십시오)

제1일

7. 처음 하나님과 동행하기 시작했을 때에 하나님에 대한 당신의 이해도를 회상해 보십시오. 경험을 통해 당신은 하나님을 아는 지식을 어떻게 확장하셨습니까?

8. 모세의 이야기는 당신과 하나님 사이의 관계를 더 잘 이해하는데 어떻게 도움이 되었습니까?

제2일

9. 당신은 현재 하나님의 뜻의 어떤 면에서 갈등하고 있습니까? 이런 믿음의 행보가 당신에게는 왜 그렇게 어렵습니까?

10. 당신이 하나님과 동행하면서 가장 두려웠던 믿음의 행보는 무엇이었습니까? 무엇이 그 행보를 그렇게 중대하게 만들었습니까? 하나님은 어떻게 신실함을 입증하셨습니까?

제3일

11. 과거에 성경에서 가장 의미심장한 약속은 무엇이었습니까? 왜 그렇습니까?

12. 성경에서 어떤 약속이 미래에 대해 당신에게 확신을 줍니까? 왜 그렇습니까?

13. 1(=고집스러운 반역)에서 10(=열심을 내어 순종함)의 점수로 환산했을 때에 당신은 하나님의 말씀에 얼마나 순종적입니까?

제4일

14. 현재 당신이 순종하는 모습은 하나님과 당신 사이의 사랑과 관계에 대해 무엇을 드러냅니까?

15. 모세는 하나님의 임재 가운데 있기 위해 시간을 냈습니다. 그는 하나님이 필요했습니다. 그가 경험한 것 중에 자신의 힘으로 한 것은 없었습니다. 하나님의 능력과 지혜가 아니면 자기 공동체에게 줄 것과 할 수 있는 것이 전혀 없었습니다. 이처럼 모세가 하나님의 임재를 의지하면서 그의 주변 모든 사람들도 변화를 경험했습니다. 주님의 능력과 지혜를 계속해서 의지하기 위해 당신은 실제적으로 어떤 조치들을 취하겠습니까?

하나님을 경험하는 삶의 간증들

이 기회를 이용해 당신이 하나님을 경험한 방식들을 나누십시오.

16. 지난주에 당신은 하나님을 어떻게 경험했습니까?

17. 당신은 하나님에 대한 지식과 그분을 경험한 것을 누구와 나누길 원하십니까? 이스라엘을 위해 주님께 간구한 모세처럼 하나님께서 그분의 자비를 보여주시고 당신을 통해 일하실 때에 그분의 임재를 알려주고 싶은 사람은 누구입니까?

마무리하기

다음의 마지막 생각을 읽고 기도로 본 세션을 마치십시오.

당신이 하나님께서 당신에게 하신 말씀을 행할 때에
그것이 아무리 불가능해 보이고 당혹스럽더라도 그분은 당신을 통해
목적하신 바를 이루십니다. 당신만 하나님의 능력과 임재를 경험할
뿐 아니라 당신의 삶을 지켜보는 사람들도 경험합니다.

당신 주변의 세상에서 일하시는 하나님의 일에 동참함으로써
하나님을 새롭게 경험하는 기회는 날마다 주어집니다.

하나님과 개인적인 관계를 시작하는 법

영생의 본질 - 그리고 본 교재의 목적 -은 당신이 개인적으로 하나님 아버지와 그의 아들인 예수 그리스도를 아는 것입니다. 하나님을 아는 것은 프로그램이나 공부나 어떤 방법을 통해 이뤄지지 않습니다. 그것은 하나님을 일대일로 아는 생동감과 성장이 넘치는 관계의 열매입니다.

아마 당신은 침(세)례도 받았고 어렸을 적부터 정기적으로 교회에 출석하고 있을지 모릅니다. 심지어 당신은 교회에서 봉사를 하고 리더가 되었을지도 모릅니다. 침(세)례, 예배, 출석, 교회 봉사는 모두가 하나님과의 관계에 있어서 타당하고 순종적인 반응입니다. 그러나 이런 것들이 관계를 만들어 내거나 관계를 대체하지는 않습니다. 당신의 삶 가운데 당신의 죄를 하나님께 회개하고 그리스도께서 당신의 구원자와 주님이 되어달라고 간구한 적이 있습니까? 만일 그런 적이 없다면 당신이 할 수 있는 가장 중요한 일은 성경이 가르치는 바에 순종하여 지금 이 자리에서 하나님과 이 문제를 해결하는 것입니다. 다음 성경 구절들을 읽고 생각하면서 주님께서 당신에게 말씀해 달라고 간구하십시오.

- 로마서 3:23 모든 사람이 죄를 범했습니다.
- 로마서 6:23 영생은 하나님이 거저 주시는 선물입니다.
- 로마서 5:8 하나님의 사랑 때문에 예수님께서는 당신의 죄를 대신해 사망의 죄값을 치르셨습니다.
- 로마서 10:9-10 예수님을 당신의 주로 고백하고 하나님께서 그를 죽은 자 가운데서 살리신 것을 인정하십시오.
- 로마서 10:13 하나님께 당신의 죄를 용서해 달라고 간구하고 그분께서 용서해 주신 것을 믿으십시오.

예수님을 믿고 그분의 영생의 선물을 받으려면 다음 단계들을 밟아야 합니다.

- 하나님께서 당신을 창조하신 것은 그분과 사랑의 관계를 맺기 위함이라는 사실을 깨달으십시오. 그분은 당신이 온 존재로 그분을 사랑하길 원하십니다.
- 당신이 죄인이며 당신 스스로 자신을 구할 수 없다는 사실을 인정하십시오.
- 예수님께서 십자가에서 죽으심으로 당신 죄에 대한 대가를 치르셨다는 것과 또한 그분이 능력으로 죽은 자 가운데 살아나셔서 사망을 이기셨다는 것을 믿으십시오.
- 당신의 죄를 고백하십시오(죄에 대해 하나님과 같은 의견을 가지십시오). 죄는 당신과 하나님 사이를 분리합니다.
- 당신의 죄를 회개하십시오(죄에서 돌아서십시오).
- 예수님께서 그분의 은혜로 당신을 구원하시도록 간구하십시오. 그것은 우리가 받을 자격이 없지만 그분이 사랑으로 주시는 선물입니다.
- 당신 삶의 통제권을 예수님에게 넘기십시오.

만일 도움이 필요하면 당신의 그룹 리더나 크리스천 친구 혹은 당신 교회의 사역자에게 연락하십시오. 이처럼 가장 중요한 결정을 당신이 방금 내렸다면 그룹원들에게 하나님께서 당신의 삶에 행하신 기쁜 소식을 전하십시오. 그런 뒤에 당신의 결신을 교회에서 나누십시오.

요단 사역정신

"그러므로 너희는 가서 모든 민족을 제자로 삼아 아버지와 아들과 성령의 이름으로
침(세)례를 베풀고 내가 너희에게 분부한 모든 것을 가르쳐 지키게 하라
볼지어다 내가 세상 끝날까지 너희와 항상 함께 있으리라 하시니라"

1. **For God and Church**
   하나님의 영광과 그의 몸 된 교회의 영적 성장과 성숙을 위한 도서를 엄선하여 출판한다.
2. **Prayer-focused Ministry**
   기획 · 편집 · 제작 · 보급의 전 과정을 기도 가운데 진행한다.
3. **Path to Church Growth**
   건강한 교회를 세우는 축복의 통로로 섬긴다.
4. **Good Stewardship and Professionalism**
   선한 청지기와 프로정신으로 문서 사역에 임한다.
5. **Creating a Culture of Christianity by Developing Contents**
   각종 문화 컨텐츠를 개발함으로 기독교 문화 창달에 기여한다.

하나님을 경험하는 삶 • 7가지 실체

제1판 1쇄 발행 · 2016년 12월 15일
제2판 1쇄 발행 · 2017년 4월 30일
제2판 5쇄 발행 · 2024년 4월 26일

지은이 헨리 & 리처드 블랙가비
옮긴이 김광석
펴낸이 김용성
펴낸곳 요단출판사
기 획 (02)2643-7390
보 급 (02)2643-7290 Fax (02)2643-1877
등 록 1973. 8. 23. 제13-10호
주 소 07238 서울특별시 영등포구 국회대로 76길 10

값 12,000원
ISBN 978-89-350-1633-4 03230